나의
머니로드

이메일 vegabooks@naver.com   **홈페이지** www.vegabooks.co.kr
블로그 http://blog.naver.com/vegabooks
인스타그램 @vegabooks   **페이스북** @VegaBooksCo

24만 구독 경제 유튜버 수페TV의 투자 비책

나의 머니 로드

송민섭(수페TV)
지음

인기 경제 유튜버 수페TV가 전하는
짜릿한 돈의 맛!

부의 도약을 만드는 실전 투자 솔루션

베가북스
VegaBooks

12년 투자 공부로부터
얻은 것

2011년 투자를 처음 시작하고 난 뒤 초심자의 행운과 실패를 모두 맛보았습니다. 그 후 경제 공부를 통해 투자에 대한 힘이 생기자 반복되는 실수만 하지 않아도 바른길로 갈 수 있겠다는 생각이 들었습니다. 투자 대가들의 책을 읽는 것을 좋아했으며 그들의 생각과 철학을 모두 머릿속에 담고 싶었습니다. 그런데 어느 날 제 모습을 돌아보니 마음은 코스톨라니를 좋아하고 머리는 워런 버핏을 따르고 있었습니다.

이를 극복하기 위해 주식 투자뿐만 아니라 돈에 대한 다양한 이야기를 접하고 실행하고, 또 공부하고 습득하며 투자력을 높였습니다. 조급한 마음과 그릇된 투자 습관을 가졌던 제가 바른 투자를 하며 수익을 내는 모습을 본 주변 사람들은 자연스럽게 도움을 청하기 시작했습니다. 제가 배우고 행한 것을 누군가에게 알려주는 일은 즐거웠습니다. 4시간을 공부해 알게 된 것을 누군가에게 10분 안에 알려주면, 그 사람에게 3시간 50분을 선물한 것'이라고 생각했습니다. 돈으로도 살 수 없는 시간, 그 시간을 선물하는 행위가 매력적으로 다가왔습니다.

뿐만 아니라 이러한 경험들이 저에게 큰 깨달음을 주고 동시에 큰 자산이 된다는 것을 알게 되었습니다. 그 뒤로 저와 비슷한 경험을 하고 있거나 도움이 필요한 사람들을 돕고 싶은 마음이 생겨 유튜브를 시작했죠. 그렇게 '수페TV'가 탄생했습니다. '수페(SUPE)'라는 말은 슈퍼맨(Superman)의 앞 4글자를 따서 만든 이름입니다. 개인 투자자에게 도움이 되고 부자가 될 수 있다는 희망을 전달하고 싶은 마음이었습니다.

지금도 변함없이 같은 마음으로 유튜브 영상을 제작하고 있습니다. '돈에 대한 학습을 기반으로 투자에 성공해 경제적 자유를 성취하고, 나와 같은 꿈을 꾸는 사람들을 도와 함께 행복을 누리며 산다'이것이 2019년 4월 22일 첫 영상을 올리며 다짐했던 수페의 비전이었습니다. 4년 차가 되어가는 지금 '경제적 자유'를 이뤘지만 저와 같은 꿈을 꾸는 분들에게 더 많은 도움을 드리지 못한 것 같은 죄송한 마음이 들었고, 그 마음을 담아 이 책을 쓰기 시작했습니다. 저와 같은 꿈을 꾸는 사람들이 건강한 투자를 하는 데 도움이 되길 바랍니다.

저는 10년 넘게 공부한 내용을 기반으로 여러 투자 정보를 콘텐츠로 제작하고 있습니다. '수페TV'를 통해 꾸준히 투자 관련 콘텐츠를 만들었더니, 어느덧 600편이 넘는 영상이 공유되고 있습니다. 채널을 통해 다양한 질문과 답변을 나누면서 자연스럽게 투자에 대한 내공이 쌓였고, 건강한 투자를 공유할 수 있었습니다. 책을 읽고 글을 쓰면서 뇌를 발전시킨다면 큰 부를 쌓을 수 있다고 이야기하는 2022년 베스트셀러 《역행자》의 내용처럼 저는 글을 유튜브 콘텐츠로 만들었으며, 총 1,700만이 넘는 조회 수를 기록했습니다.

물론 제가 지금 엄청난 부자가 된 것은 아닙니다. 하지만 지금처럼 투자를 이어간다면 무조건 부자가 될 것이라 확신하고 있습니다. 투자로 손실이 컸을 당시 곧장 정신을 차리고 올바른 투자를 했다면 어땠을까요? 후회도 됐지만, 지금은 그런 부정적인 생각을 하는 시간 자체가 아깝습니다. 처음 투자했을 때부터 지금까지 많은 시간과 노력으로 깨달은 진실, 그리고 여러 부자들을 만나면서 깊이 생각한 것, 더불어 제가 소비한 12년이라는 세월치의 경험을 이 책을 통해 독자님께 선물하겠습니다.

2022년 11월

송민섭(수페TV)

Contents

01 Ready!
부자들의 투자를 배운다

02 Set!
투자자산의 모든 것

Contents

03 Go!
실전 투자의 단계

04 Finish
투자 세금의 역할

05 Next
미래를 준비하는 투자

06 Winning Mentality
투자 성공을 좌우하는 심리

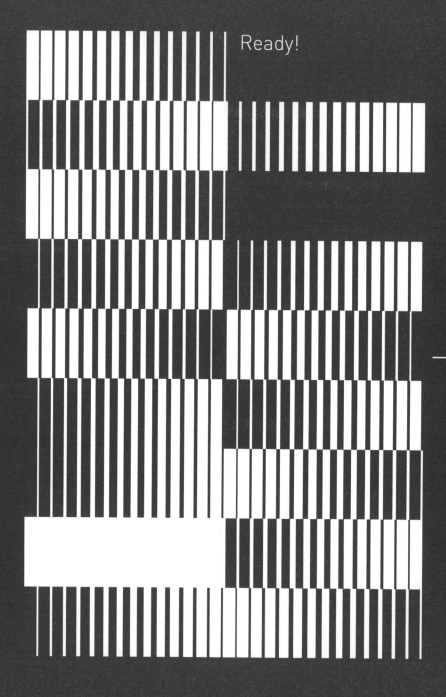
Ready!

1

부자들의
투자를 배운다

왜 투자자가
되어야 할까?

우리는 같은 세상에 살고 있지만 각자 다른 삶을 살고 있습니다. 누군가는 금수저로 태어나 보통 사람들은 평생 입어보지 못할 명품들이 옷장에 가득하고, 발음하기조차 어려운 이름을 가진 비싼 음식들을 수시로 먹으며, 모든 것을 내려다보는 초고층 펜트하우스에서 살고 있습니다. 그들은 어떻게 부자가 될 수 있었을까요?

결론은 간단합니다. 자신 또는 그들의 아버지, 할아버지가 부자의 길을 걸었기 때문입니다. 그 길이 얼마나 고되고 험난하고 위험했는지는 상황에 따라 달랐겠지만, 그들은 그 모든 과정을 이겨내고 끝까지 완주했기에 부자로 남을 수 있었고, 지금도 부자인 것입니다.

그들이 몸으로 증명한 경험은 성공을 이끌어가는 원동력이 됩니다. 누군가는 사업에서 기회를 잡고, 누군가는 투자에서 성공을 더하며, 그 부자들은 복리를 통해 더 부자가 됐습니다. 그들은 부자가 되기 위해 누구보다 깊이 생각하고 실천했을 것입니다. 지금의 결과가 그 답을 말해주고 있습니다.

그렇다면 우리는 왜 부자가 되지 못했을까요? 그 원인은 2가지로 나뉩니다. 부자의 길을 가는 시작점이 없었거나 중간에 길을 잘못 들어 다시 제자리로 돌아왔을 것입니다. 둘 중에 무엇이든 상관없습니다. 지금부터 이 책이 독자님에게 부자의 시작점을 제공해줄 것이니까요. 그리고 다시는 이전으로 돌아가지 않도록 바른길을 안내할 것입니다.

부자의 원리는 생각보다 아주 간단합니다. 소비자가 아닌 생산자가 되면 됩니다. 하지만 사람의 욕심은 때로 부자를 빈자로 만들기도 합니다. 그 욕심을 역행하는 자는 소수이고, 그 소수는 물이 위에서 아래로 흐르듯 자연스럽게 부자가 됩니다. 보통의 우리 위치는 소비자입니다. 의식주를 해결하기 위해 무엇이든 소비를 할 수밖에 없습니다. 매일 마시는 커피 없이 일이 손에 잡히지 않고, 정장 없이 결혼식에 못 가고, 차 없이는 멀리 이동할 수 없습니다. 이런 상황들은 스스로를 소비자로 만들 뿐이죠. 깨진 항아리처럼 아무리 돈을 들이부어도 계속 빠져나가기 마련입니다. 깨진 항아리 주변에는 여지없이 생산자가 존재합니다.

그 생산자의 우두머리가 사업가입니다. 중력의 법칙에 따라 모든 물건이 위에서 아래로 떨어지듯이 돈도 자연스럽게 소비자에게서 사업가에게로 이동하기에 이들은 부자가 됩니다. 그리고 사업가는 더 많은 돈을 벌기 위해 더욱 다양하고 많은 물건을 만들어내는데, 이를 도와주는 조력자가 투자자입니다. 투자자의 지원을 받아 사업가는 보다 크게 성장하고, 소비자의 돈을 점점 더 많이 혹은 주기적으로 빼앗아갑니다. 결국 그들이 부자가 된 이유는 우리의 소비 때문인 셈입니다.

우리는 어떤 위치에 있어야 부자가 될 수 있을까요? 이에 대한 답은 '1+1=2'처럼 당연하지 않을까요? 사업가 혹은 투자자의 위치로 이동하면 됩니다. 하지만 사람들은 대부분 사업가와 투자자가 되려고 하지 않습니다. 왜냐하면 우리는 어려서부터 '사업은 위험하고 투자는 망하는 지름길'이라고 귀에 못이 박히도록 들어왔기 때문입니다. 미안한 이야기지만, 그런 말을 하는 사람들은 부자일까요? 절대로 그렇지 않을 것입니다. 진짜 부자들은 투자와 사업이 당연한 일상이고, 삶에서 분리될 수 없는 '평생직장'과 같은 것이라고 말합니다. 그 당연한 것을 우리는 왜 모르고 살았을까요? 안타깝게도 초등학교부터 대학까지 돈에 대해 가르쳐주는 곳이 없었기 때문입니다. 부자들은 자식에게 경험을 공유하고, 돈에 대해 무엇보다 중요하게 가르칩니다. 가진 것 없는 우리는 이 점을 절대 놓쳐서는 안 됩니다. 우리도 돈을 공부해야 합니다.

무엇보다 중요한 것은 돈이 계속 흘러 밑으로 내려가듯 그 끝에는 자신이 서 있어야 한다는 사실입니다. 우리가 알고 있는 부자, TV에서 자주 이야기하는 부자들의 위치는 지금 어디일까요? 소름 돋게도 모두가 소비자 밑에 돈, 돈 밑에 부자가 있습니다. 그 시작점은 사업가와 투자자입니다. 이제부터 우리는 둘 중 하나를 선택해야 합니다.

그런데 사업가와 투자자가 되어야 한다고 생각하면 불안과 초조, 긴장 등 좋지 않은 감정을 느끼는 사람들이 많습니다. 해보지 않은 것에 대한 불안도 있겠지만, 잘못된 사례를 봤기 때문일 것입니다. 하지만 그 사례들은 대부분 과장되는 경우가 많고, 좋은 말보다 나쁜 이야기가 더 강력하듯 오래 기억되며 멀리 퍼집니다. 실제 우리 주변에는 잘 사는 가정이 많은데도 이혼하고 싸우고 아픈 부부의 이야기를 강렬하게 기억하는 것은 우리의 뇌가 그쪽으로 반응하기 때문입니다. 좋지 못한 감정에 휘둘릴 필요 없습니다. 사업가와 투자자에 대한 나쁜 이야기는 잠시 접어두고, 나는 어떻게 하면 실패하지 않을지 진지하게 생각해보는 것이 좋습니다.

우선, 작은 변화로 시작할 수 있는 것은 사업보다는 투자입니다. 사업은 초기 투자 비용이 발생하는 리스크가 있으며 실패했을 때 타격이 클 수밖에 없습니다. 리스크를 줄이기 위해 적은 자본금으로 시작하거나 무자본으로 창업을 생각할 수 있지만 돈을 아낀 만큼 많은 시간을 소비해야 하는 경우가 많습니다.

하지만 투자자는 상대적으로 리스크와 시간 관리가 수월합니다. 현재 직장을 다니고 있어도 충분히 시작할 수 있죠. 요즘에는 다양한 투자 정보와 상품을 쉽게 접할 수 있기 때문에 더욱 편리해졌습니다. 무엇보다 좋은 것은 적은 돈으로 여러 번 시도해볼 수 있다는 것이고, 그 경험은 온전히 자신의 투자 내공으로 쌓일 수 있습니다. 굳이 순서를 정한다면 투자자로 다양한 사업에 투자하고 공부하면서 미래 전망과 경제에 대한 시야를 넓힌 다음, 사업가로 변모하는 것이 좋습니다.

잃지 않는
투자

　투자자는 특별한 사람일까요? 그렇지 않습니다. 쉽게 말하면 삼성전자로 출근하면 직원이고, 삼성전자 주식을 갖고 있으면 투자자입니다. 삼성전자 직원이 주식을 갖고 있으면 직원이면서 투자자인 것이죠. 이분법적으로 둘 중 하나를 선택하는 것이 아니라 둘 중에 어느 위치의 비중을 더 크게 가져갈지를 결정하는 것이 중요합니다. 월급 300만 원을 받는 직장인이 월세, 생활비, 고정비 등으로 250만 원을 소비하고, 나머지 50만 원으로 투자하고 있다면 누가 봐도 소비자의 위치가 강하게 자리 잡고 있는 삶입니다. 지금 뜨끔한 사람이라면 소비보다 투자에 더 비중을 늘려야 부자의 위치로 더 빠르게 이동할 수 있습니다. 100% 투자자의 길을 가면 좋겠지만 그 누구도

소비 없는 삶을 유지할 수는 없습니다. 부자들은 어떻게 하고 있을까요?

　여기서 부자의 엄청난 비밀 하나가 드러납니다. 그들은 월급으로 소비를 충당하지 않고, 자산에서 발생한 수익으로 소비를 합니다. 쉬운 예를 들면 내 모든 월급으로는 스타벅스 주식을 사고, 그 주식 덕에 발생한 배당금으로 스타벅스 커피를 마시는 것입니다. 간단한 이야기지만 숨어있는 진짜 내용을 파악해야 합니다. 여기서 부자들의 월급은 어디로 갔을까요? 그 돈은 소비되지 않고 그대로 투자자산으로 들어갔으며, 황금알을 낳는 거위가 됐습니다. 거위의 황금알은 부자들의 소비 창구가 되고, 자산을 계속 쌓을 수 있는 시스템으로 완성됩니다. 우리가 가야 할 투자의 길은 황금알을 낳는 거위를 만드는 일입니다. 그런데 이를 단번에 만들 수 없기에 누구나 쉽게 부유해질 수 없는 것입니다.

　부자가 되기 위한 투자는 어떻게 해야 할까요? 결론부터 말하면 잃지 않는 투자를 해야 합니다. 워런 버핏(Warren Buffet)의 철칙과도 같은 이야기인데, 잃지 않아야 수익을 내고 수익을 내야 복리를 이끌어낼 수 있기 때문입니다. 우리가 할 수 있는 대표적인 투자 대상으로는 부동산, 주식, 채권, 금 등이 있습니다. 처음 투자를 생각한다면 주식과 부동산 중에 고민을 할 것이고, 이미 투자를 해봤다면 수익을 본 경험이 있는 자산을 선택할 것입니다. 수익을 내본 경험은 상당히 중요합니다. 과거의 경험과 앞으로 우리가 하게 될 투자 경험이 더해져 평생 투자할 수 있는 믿음을 만들고, 지치지 않는 원동력이 되기 때문입니다.

수익을 낸다는 것은 잃지 않는 투자를 한다는 것인데, 그러기 위해서는 최대한 리스크를 줄여야 합니다. 모든 것이 상승하는 시장에서는 주식, 부동산, 채권 어디에 투자해도 수익이 납니다. 마치 자신이 투자를 잘하고 있다는 착각에 빠져들게 만듭니다. 하지만 IT 버블, 리먼 브라더스 사태*, 코로나19 팬데믹과 같은 위기를 겪고 나면 투자자는 자신감을 잃고 소심해집니다. 투자에 대한 공포를 느끼기도 하죠. 이처럼 우리가 몰랐기 때문에 발생한 경제위기는 엄청난 리스크가 되며, 이를 대비해야 잃지 않는 투자를 제대로 할 수 있습니다.

> **리먼 브라더스 사태**
> **(Lehman Brothers 事態)**
>
> 미국 투자은행 리먼 브라더스가 2008년 뉴욕 남부법원에 파산보호를 신청하면서 글로벌 금융위기의 시발점이 된 사건이다. 리먼 브라더스는 모기지 주택 담보 투자를 통해 높은 수익을 올렸다. 하지만 차입금 부담의 증가와 주택 가격의 하락으로 파산하고 말았다.

알 수 없는 위기를 대비한다는 것은 말이 안 되는 듯하지만, 처음부터 준비를 해둬야 한다는 사실을 의미합니다. 그 준비는 자산배분으로부터 나옵니다. 자산배분은 수익률을 높이는 것이 아닌 리스크를 최소화하는 데 주요한 목적을 갖고 있습니다. 코로나19가 창궐한 2020년 3월 주식시장이 하락했을 때 채권시장은 오히려 상승했습니다. 주식만 보유한 투자자는 분명 힘든 시기를 겪었을 것입니다. 반면에 주식과 채권으로 자산배분을 해둔 투자자는 이 위기를 기회로 이용해 리스크를 줄이고 수익을 냈을 것입니다.

이렇게 투자자가 상쇄되는 자산을 보유하면 변동성을 줄이고 수익을 꾸준히 가져가면서 복리효과를 최대로 이끌어낼 수 있습니다. 부자가 되기 위해 우리가 명심해야 할 것은 높은 수익률이 아니라 낮은 리스크와 이를 지켜줄 자산배분입니다.

이 책을 계속 읽다 보면 독자님은 자산배분을 어떻게 해야 하며, 어디에 투자해야 할지에 대해 알 수 있을 것입니다. 시작부터 투자자가 되는 길이 어렵다는 생각이 든다면 걱정하지 말라는 당부를 드리고 싶습니다. 이 책에 담긴 지식을 습득하는 것만으로 독자님은 투자자가 될 수 있으니까요. 내용을 충분히 숙지한다면 오히려 투자가 정말 쉽다는 생각이 들 수도 있습니다. 부자들은 늘 알고 있는 방법으로 지루한 투자를 계속해온 사람들입니다. 이제 우리도 그들과 같은 위치에 서서 투자를 해야 합니다.

욕심 없는
부자란 없다

부자가 되고 싶은 마음은 사람의 욕심으로부터 출발합니다. 그렇다면 욕심은 나쁜 것인가요? 욕심이란 단어를 사전적으로 풀이하면 '분수에 넘치게 무엇을 탐내고 누리려는 마음'을 뜻합니다. 나쁜 단어라는 느낌이 강하게 듭니다. 그런데 반대로 생각해보면 지금의 상황에 안주하고 더 나아지려 노력하지 않는 마음은 좋은 것일까요? 그 역시 좋은 모습은 아닐 것입니다.

우리가 부자와 욕심을 나쁘게 보는 것은 과거 우리 사회가 만든 프레임 때문입니다. 과거 잘 살지 못했던 후진국 시절이라면 충분히 그랬을 수 있습니다. 하지만 지금 우리가 살고 있는 시대는 과거와 많은 것이 다르죠. 어느 국가보다 한국이란 나라는 더욱 그렇습니다. 우리나라는 6·25전쟁을 겪었습니다. 과거 시대의 사람들은 당연히 모든 것을 나누고 함께 살아남기 위해 욕심을 버려야 했습니다. 욕심내고 부를 차지했던 사람들은 언제나 나쁜 사람이었고 적이었던 시대였으니 그럴 수 있습니다. 그런데 지금은 판이 완전히 바뀌었습니다. 오늘 우리가 살고 있는 대한민국은 후진국이 아니라는 이야기입니다.

어느덧 대한민국에서는 굶어 죽는 사람보다 비만과 다양한 합병증으로 생을 마감하는 이들이 많습니다. 선비의 마음으로 돈보다 민생을 생각하고 나라를 걱정해야 할 시대가 아닌데, 여전히 사고가 아득한 과거에 머물러 있는 사람들이 의외로 많습니다. 소수만이 세상의 변화를 빠르게 깨닫고 온당한 욕심을 등에 업고 비난의 목소리를 감수하며 부자가 됐습니다.

지금도 크게 달라지지 않았습니다. 누군가는 아직도 부자들을 비난하고 정직하게 돈을 벌지 않았을 것이라고 단정합니다. 그런 생각은 접어서 쓰레기통에 버려야 부자가 될 수 있습니다. 예금과 적금 이자만으로 부자가 될 수 있다고 믿는다면 그것은 전쟁보다 더 무서운 생각입니다. 돈을 향한 나의 욕심을 열정으로 바꾸고, 다양한 아이디어와 실천으로 이어간다면 부자가 될 수 있습니다.

열정이라는 스위치를 켜는 방법은 나의 욕심을 부정적인 욕망이 아닌 긍정적인 희망으로 채워야 가능합니다. 주변의 좋지 않은 시선, 과거에 사로잡힌 이야기, 도덕적이지 않을지도 모른다는 불필요한 방어기제 때문에 욕심이라는 단어를 열정으로 바꾸지 못한다면 결코 부자가 될 수 없습니다. 우리는 욕심을 품고 내 상황을 냉정하게 파악해야 합니다. 지금은 초라하고 보잘것없는 시작일지 몰라도 긍정적인 욕심이 나를 더욱 강한 투자자로 만들 것이기 때문이죠. 그렇게 노력하는 사이 우리는 부자라는 타이틀까지 가질 수 있을 것입니다. 이제 독자님의 마음속에서 욕심이 생기려 하나요? 그럼 부자의 길은 이미 찾은 것과 다름없습니다.

그런데 욕심을 부리자고 이야기하니까, 막무가내로 단기간에 큰돈을 벌려는 분들도 있습니다. 로또를 구매하고 1등 당첨을 바라거나 큰돈이 하늘에서 떨어지길 바라는 것은 욕심이 아니라 현실회피와 허황된 꿈일 뿐입니다. 욕심이 바르게 꽃을 피우기 위해서는 자신이 처한 환경과 조건을 무시하고 다른 사람이 되기를 바라면 안 됩니다. 바로 '나' 자신을 냉정하게 객관적으로 바라보고 욕심의 대상이 되어야 성공할 수 있습니다. 연기를 잘하려는 욕망, 축구를 잘하고 싶은 욕구, 요리를 제대로 하려는 의욕 등 나에 대한 다양한 욕심이 존재합니다. 이런 욕심이 나를 발전시키는 것이죠. 우리가 알고 있는 송강호, 박지성, 백종원이 그 증거입니다. 부자도 다르지 않습니다. 부자가 되려는 욕심이 나를 향해야 합니다. 로또를 사는 것이 아니라 투자를 잘하려는 욕심이 나를 변화시키고 발전시키는 것입니다. 건강한 욕심이 자신을 향할 때 독자님들도 부자의 위치에 가까워질 것입니다.

주식 vs 부동산

많은 사람이 투자하고 있는 분야를 살펴보면 대부분 주식과 부동산입니다. 왜 주식과 부동산에 투자할까요? 답은 간단합니다. 현금보다 매력적이고 다른 자산보다 성장성이 좋기 때문입니다. 둘 중 어디에 투자하면 더 좋은 성적을 낼 수 있을까요?

코스피와 아파트 매매가격지수를 비교한 데이터를 살펴보겠습니다. 1986년부터 2017년까지 코스피 연평균 수익률이 10.1%이고, 전국 아파트 가격은 8.5%였습니다. 코스피의 승리입니다. 그렇다면 서울의 강남 아파트는 어떨까요? 연평균 9.2% 수익률을 나타내고 있습니다. 역시나 코스피가 승리입니다. 하지만 이는 2017년 자료이므로 2022년의 시점으로 다시 계산하면 강남 아파트의 수익이 우세했을 수도 있습니다. 그만큼 강남 아파트와 코스피는 박빙이라고 할 수 있는데 문제는 지금 우리는 강남 아파트를 매수할 돈이 없다는 것입니다. 반면에 주식은 소액으로 투자가 가능하죠. 강남 아파트 같은 삼성전자 주식은 1주 매수하는데 6만 원 정도만 있으면 됩니다. 2배 올라도 12만 원 안팎이면 살 수 있죠. 그만큼 투자 접근성이 좋고, 환금성이 높기 때문에 투자를 시작하는 단계라면 주식을 적금처럼 모아가는 것이 괜찮은 방법이 됩니다.

코스피와 아파트 매매가격지수 비교 (총수익 기준)

― 코스피   ― 전국 아파트   ― 서울 강북 아파트
― 서울 강남 아파트   ― 물가 (CPI)

21.4배 (연평균 10.1%)
16.7배 (연평균 9.2%)
13.5배 (연평균 8.5%)
10.4배 (연평균 7.6%)
3.2배 (연평균 3.7%)

▲ 부동산 총수익지수는 매매가격지수에 전세금의 예금수익률을 (매매가격 대비 전세가율·예금금리) 더한 지수

자료: KB부동산, 한국은행, 삼성자산운용 (1986.01~2017.12)

당연히 부동산도 좋은 투자처고, 레버리지를 활용하면 상대적으로 적은 돈으로 투자할 수도 있지만 적어도 3,000만 원 이상은 있어야 합니다. 시작은 주식이 될지 몰라도 부동산으로 자산 비중을 높이는 투자자도 있고, 반대로 부동산으로 시작해 주식의 비중을 높이는 투자자도 있습니다. 지금부터 제가 투자를 하며 알게 된 부동산과 주식의 장점을 나열해볼 테니 스스로 어떤 투자자에 속하게 될지 생각해보기 바랍니다.

　　부동산 투자처는 아파트, 재개발, 오피스텔, 토지, 상가 등 다양합니다. 여기서 아파트를 선택하면 다시 경매, 공매, 청약, 갭투자 등으로 세분화할 수 있습니다. 부동산은 땅이 있고 그 위에 건물이 올라가는 형태의 유형자산으로 주식 투자보다 안전성이 높습니다. 하지만 아무도 찾지 않고 팔리지 않는 물건이라면 환금성이 0이므로 '없는 자산'이나 마찬가지기 때문에 입지 조건이 상당히 중요합니다. 따라서 부동산 투자를 하면 도시개발에 대한 지식이 쌓이고, 지하철과 같은 교통 발전에 귀를 기울일 수밖에 없습니다. 자신이 살고 있는 집 주변에 어떤 호재가 있나 찾아보는 것은 당연하며, 투자자로서 어느 동네의 미래가치가 높아지고 발전할지 알게 됩니다. '2040 서울도시기본계획'을 살펴보면 6대 공간계획을 제시하면서 '보행 일상권'과 '미래교통 인프라'를 중심으로 발전 계획을 수립하고 있습니다. 발전하는 곳으로 이사한 다음 주변이 어떻게 변화하는 지 지켜보는 것도 즐거운 투자가 될 것입니다.

투자를 하기 위해서는 돈이 필요하기에 대출이자와 금리변화에 예민해질 수밖에 없습니다. 자연스럽게 한국은행에서 발표하는 기준금리를 지켜보며 경제 흐름까지 파악하는 눈이 생길 것입니다. 부동산은 세금과 이자를 잘 알아야 내 자산을 안전하게 지킬 수 있으므로 자연스럽게 부동산 정책에 따른 세금 계산을 해보는 자신을 발견할 것입니다. 시작 전에는 막막하고 어렵다는 생각이 들지만, 투자를 잘하려는 욕심은 내 돈을 아끼기 위해 어떤 공부를 하고 어떻게 판단을 내려야 할지 생각하게 만듭니다. 결국 법인을 만들어야 하는지, 증여를 하는 게 좋은지, 매도를 해야 옳은지에 대해 결정하는 능력을 갖추게 해주는 것이죠. 부동산 투자는 대한민국을 바라보는 나의 눈을 경제인의 시선으로 바꿔줍니다.

주식 투자는 바다를 넘어 글로벌 투자자로 자신을 성장시켜 줍니다. 간혹 국내 투자만 고집하는 투자자도 있지만, 이는 K리그 축구를 사랑하는 팬심과 같습니다. 축구로 유명한 곳은 프리미어리그고, 그곳엔 전 세계에서 축구를 가장 잘하는 사람들이 모여있습니다. '핫'한 곳에 돈은 따라오기 마련이죠. 손흥민 선수의 몸값이 이를 말해주고 있습니다. 팬심도 좋지만 투자할 가치가 있고 확률이 높은 지 체크해야 성공확률이 높아집니다. 물고기가 많은 곳에서 낚시를 해야 고기 낚을 확률이 높아지듯 확률 높은 투자를 위해 국내에 국한된 투자가 아닌 넓은 투자를 해야 합니다. 국내 투자를 하면 안 된다는 것이 아니라 전 세계 주식시장을 열린 마음으로 바라보며 어디에 투자할지 고민해야 한다는 이야기입니다.

글로벌 주식 투자는 G2*라 불리는 미국과 중국은 물론, 유망한 신흥국 인도와 베트남까지 다양한 시각으로 바라보게 합니다. 투자자의

G2

미국과 중국을 일컫는 말로 2006년 블룸버그 통신의 칼럼니스트 윌리엄 페섹이 향후 세계 경제는 이 두 나라가 이끌 것이라며 처음 사용했다.

눈을 갖는 것이죠. 주식은 기업에 투자하는 것이니만큼, 그 기업과 함께 동업한다고 생각하면 투자처를 고르기가 수월해집니다. 예를 들어 애플워치를 손목에 차고 아이폰을 사용하는데 계속 이 제품들을 애용할 사람이라면 애플(Apple)에 투자하는 것을 고려해도 좋습니다. 자신이 써봤는데 정말 좋다는 생각이 든다면 그 기업과 함께 동업하는 것도 좋은 투자입니다.

애플에 투자한다면 자연스럽게 그 기업의 재무제표를 들여다보

고 관련 산업의 동향을 살펴보게 될 것입니다. 기업은 돈을 잘 벌고 있는데, 갑자기 주식이 떨어진다면 그때부터 기업을 넘어 경제 상황을 살펴보게 될 것이고요. 미국에서 왜 기준금리를 올리고 있는지, 인플레이션과 실업률이 주식에 미치는 영향을 깨닫게 됩니다. 국내에서 해외 기업에 투자하고 있다면 자연스럽게 환율 변동에도 신경 쓰고, 국내에는 수출에 의존하는 기업이 많다는 사실도 알게 될 것입니다. 투자를 잘하려는 욕심이 나를 '경제 박사'로 만들어주는 셈입니다. 어느새 경제 흐름을 읽는 순간 세상을 바라보는 눈이 달라질 것입니다. 주식 투자는 세계를 바라보는 나의 눈을 투자자의 시야로 만들어줍니다.

부동산 투자와 주식 투자는 돈을 다루는 사람에게 꼭 필요한 능력을 키우기 좋은 수단이 됩니다. 금융교육을 따로 받을 수 없는 우리에게 피땀 같은 재산이 됩니다. 앞에서 이야기한 것처럼 둘 중에 무엇이 먼저고, 뭐가 더 좋다고 강제할 수는 없습니다. 굳이 우선순위를 정하자면, 주식 투자를 기반으로 초기 자금을 만든 이후 부동산 투자로 확장하는 것이 좋습니다. 결국엔 내게 맞는 투자자산의 비중이 높아지게 되어있습니다. 동전의 양면처럼 하나를 선택하는 것이 아니라 비중이 다를 뿐입니다. 독자님의 투자성향에 맞게 비중을 높여가길 바랍니다.

단기 투자는
노답!

투자는 사람의 심리를 극명하게 보여주는 거울입니다. 단기 투자를 통해 달콤한 수익을 맛본 사람들은 주식 호가창에서 눈을 떼지 못하는 자신을 발견합니다. 이 상황에서 냉정을 찾아 객관적인 판단을 내리기란 쉽지 않으며, 그러한 단기 투자의 끝은 좋지 않은 경우가 많습니다. 개인 투자자가 단기 투자를 하는 것이 옳은 선택일까요?

직장을 다니는 사람이라면 국내 주식시장이 열리는 오전 9시부터 오후 3시 30분까지의 시간대가 업무시간일 것입니다. 점심시간 혹은 중간에 쉬는 시간에 잠깐 주식시장을 바라보면서 단기 투자를 하는 것은 상당히 어려운 일입니다. 단기 투자는 단 몇 초도 안 되는 시간 안에 수익과 손실이 결정되기도 합니다. 그 시간을 놓치면 손해 보는 경우가 많은데, 과연 본업이 있는 사람이 그 시간을 주시하며 수익을 낼 수 있을까요? 예를 들면 24시간 낚시하는 사람이 전문 투자자고, 잠깐 낚싯대를 물에 넣는 사람이 개인 투자자입니다. 운이 좋아 낚싯대를 넣자마자 대어가 걸릴 수 있지만, 그런 경우는 얼마나 될까요? 하루, 한 달, 1년… 그렇게 시간이 지날수록 개인 투자자는 물고기를 낚을 확률이 줄어듭니다.

결국 매일 주식창을 지켜보는 전문 투자자가 물고기를 독식할 수밖에 없습니다. 그 물고기의 밥이 되는 것은 안타깝게도 잠깐 짬을 내서 주식창을 바라보고 매수하는 우리가 될 가능성이 높은 것이죠. 이 내용은 단기 투자에 국한된 이야기일 수 있습니다. 하지만 국내에서 테마주에 투자하는 개인 투자자가 워낙 많습니다. 저의 지극히 개인적인 쓰린 경험이 있었기에 꼭 짚고 넘어가고 싶었습니다. 단기 투자는 '노답'입니다. 달콤한 수익에 눈이 멀어 수익보다 더 큰 리스크를 안고 투자하고 있는 것은 아닌지 진지하게 생각해봐야 합니다. 중요한 포인트는 투자를 하면서 가장 먼저 생각할 것은 수익이 아닌 리스크입니다. 리스크 관리만 잘해도 투자로 망하는 일은 없으며, 위기에 더욱 빛나는 경험을 선사할 것입니다.

급등주1 : 갭 상승 후 하락

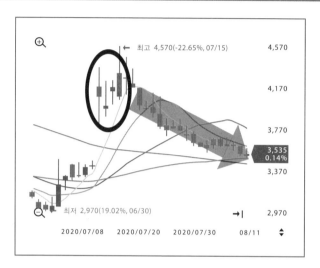

급등주2 : 장대양봉 후 하락

리스크 관리는 복리를
부른다

유명한 투자가들은 하나같이 입을 모아 하는 말이 있습니다. 바로 리스크 관리를 잘해야 투자자로 살아남을 수 있다는 것입니다. 그중에서도 워런 버핏은 그 누구보다 리스크 관리를 중요하게 이야기한 인물입니다. 그의 첫 번째 투자원칙은 '돈을 잃지 마라'이고, 두 번째 원칙은 '첫 번째 원칙을 잊지 말라'입니다. 그는 리스크를 그 무엇보다 싫어하며 돈을 잃을 것 같으면 작은 내기조차 하지 않았다고 합니다.

워런 버핏의 일대기와 그의 과거부터 지금까지의 포트폴리오를 분석해보니, 그가 말하는 리스크 뒤에는 숨은 단어가 하나 있다는 것을 알았습니다. 그것은 바로 '복리'라는 단어입니다. 여기서 주의할 점은 리스크를 관리하지 못하면 복리의 마법이 발휘되기 어렵습니다. 왜냐하면 복리효과는 수익을 먹고 자라기 때문이죠. 워런 버핏이 투자하는 기업들은 공통점이 존재하는데, 그것은 배당을 주는 기업에 투자한다는 점입니다. 그런 그의 투자 비중이 높은 기업으로 애플, 뱅크오브아메리카, 셰브론, 아메리칸익스프레스, 코카콜라 등이 있습니다. 이런 기업들에 투자하면 시세차익을 보지 못하더라도 배당을 통해 수익을 얻기 때문에 그는 수익을 내지 못할 리스크를 줄일 수 있게 됩니다. 또한 배당금은 돈의 흐름을 만들고 자연스럽게 재투자할 수 있게 하며, 복리라는 마법의 재료가 됩니다.

그렇다면 복리의 효과는 얼마나 대단한 것일까요? 익히 알려진 '72의 법칙•'으로 계산해보겠습니다. 1억 원의 자산이 매년 10%씩 수익이 발생한다면, 7.2년 뒤에

> **72의 법칙**
>
> 이자율을 복리로 적용할 때 원래의 금액이나 규모가 2배로 늘어난다. 이때 소요되는 시간을 간단히 계산해주는 일종의 어림 기준이다.

내 자산은 2배(2억 원)가 됩니다. 유튜브 콘텐츠를 만들고 투자 시뮬레이션을 돌려보며 느낀 것 중 하나가 투자기간이 20년에서 30년으로 넘어가는 구간이 정말 드라마틱한 순간이었다는 것입니다.

당연히 기간이 더 길수록 생각할 수 없을 정도의 숫자가 나옵니다. 하지만 우리가 실제로 투자하고 결과로 지켜볼 수 있는 시간은 30년이면 충분합니다. 또한 이 과정에서 시간이란 요소는 복리에서 꼭 필요한 필수 항목이란 걸 우리는 잘 알고 있습니다. 그런데 시간만큼 중요한 요소가 하나 더 있는데, 우리는 이를 간과하는 경우가 많습니다. 바로 '수익률'입니다. 수익 1%의 차이가 얼마나 큰 자산의 갭을 만드는지 알게 되면, 그 누구라도 놀라지 않을 수 없을 것입니다.

이제 시간과 수익률이라는 2가지 요소를 가지고 내 자산이 어떻게 바뀌는지 비교해보겠습니다. 1,000만 원을 가지고 미래가 밝은 기업의 주식을 샀고, 이 기업은 매년 10%의 성장을 한다고 가정하겠습니다. 그렇다면 10년, 20년, 30년이 지난 뒤 원금 1,000만 원은 얼마나 늘어나 있을까요? 10년 뒤에 계좌를 봤더니 자산 2,707만 원이고, 수익률은 170%이었습니다. 1,000만 원에서 자산이 2.7배 증가한 것입니다. 복리의 마법은 10년만에 정말 놀라운 결과를 가져왔습니다.

그렇다면 30년이라는 시간이 지나면 어떻게 될까요? 들어도 믿기지 않을 숫자가 나오는데, 자산이 1억 9,837만 원이고 수익률은 1,884%가 됩니다. 30년 전 1,000만 원을 투자했을 뿐인데 약 2억 원이라는 목돈이 생기는 것입니다. 가끔 뉴스를 보면 주식이 있는지 모르고 있었는데, 어느 날 봤더니 목돈으로 불어나 있더라는 기사를 본 적이 있을 것입니다. 여기서 본 것과 같은 맥락으로 복리의 마법으로 벌어진 일입니다.

복리에 있어서 시간은 정말 무서울 정도로 자산을 불려주는 역할을 합니다. 하지만 인간은 가까운 미래를 과대평가하고 먼 미래는 과소평가하는 경향이 있죠. 그래서 투자자가 자산을 급하게 이동시켜 복리의 마법에서 벗어나는 경우가 많습니다. 투자의 대가 앙드레 코스톨라니(André Kostolany)는 '주식을 매수했다면, 수면제를 먹어라' 라는 농담 같은 진담을 명언으로 남겼습니다.

여기까지는 우리가 보통 알고 있는 복리효과입니다. 이제 수익률의 차이는 내 자산의 크기를 어떻게 갈라놓는지 보겠습니다. 동일하게 1,000만 원을 가지고 30년간 투자했다고 가정하겠습니다. 연 복리 10%를 기준으로 7%와 13%를 함께 비교해보면 놀라운 일이 벌어집니다. 우선 복리 10%였을 때 1,000만 원이 1억 9,837만 원으로 증가했습니다. 그런데 연 복리 7%로 줄어들면 30년 뒤 자산은 8,116만 원이 됩니다. 수익률의 3% 감소가 약 1억 원이라는 자산이 사라지도록 만들었습니다.

반대로 수익률이 3% 증가한 13%의 복리효과를 적용하면 자산은 4억 8,377만 원이 됩니다. 수익률이 3% 감소할 때는 1억 원이 증발했는데, 3% 증가했더니 1억 원이 아니라 약 3억 원이 증가했습니다. 수익률 3% 증가가 자산 2배 이상의 차이를 발생시킨 것입니다. 수익률 차이가 얼마나 큰 나비효과를 불러일으키는지 이제 감이 잡힐 것입니다. 이처럼 복리효과를 극대화하는 일에는 시간만큼 수익률도 중요합니다.

시간과 수익률에 따른 복리효과의 변화

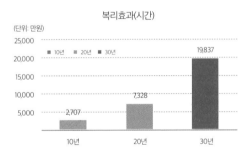

복리효과(시간)

(단위: 만원)

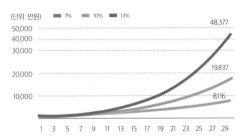

복리효과(수익률)

(단위: 만원)

하지만 안타깝게도 지금까지 살펴본 복리효과는 현실에서 발생할 수 없는 이야기입니다. 한 국가의 증시와 기업의 주가가 매년 균일하게 10%씩 성장한다는 것은 사실상 불가능에 가깝습니다. 그렇다면 우리는 이런 현실에서 무엇을 할 수 있을까요? 앞에서 살펴본 것처럼 복리효과에서 중요한 것은 시간과 수익률이었습니다. 시간은 우리가 돈 주고 사거나 만들어낼 수 있는 것이 아닙니다. 인내를 갖고 꾸준히 투자를 이어가는 수밖에 없습니다. 하지만 수익률은 우리가 적극적으로 관리하면 바뀔 수 있습니다. 그렇다면 수익률을 어떻게 관리해야 할까요?

수익률을 높이기 위해 공격적으로 투자하는 것도 좋은 방법이지만, 그것보다 더 중요한 것은 손해를 보지 않는 것입니다. 복리효과에서 손해는 '복리의 절단'을 뜻하며 치명적인 약점이 됩니다. 앞의 사례를 보면 원금 1,000만 원이 매년 10%의 수익률로 30년이 지나면 1억 9,837만 원이 됐습니다. 여기서 8년에 한 번씩 경제위기가 찾아와 30년간 3번 30%만큼의 손실을 봤다면 자산은 얼마나 줄어들었을까요?

결과를 보고 놀라지 않기를 바랍니다. 처음에 약 2억 원이었던 자산은 5,047만 원으로 줄어듭니다. 무려 1억 4,790만 원이 증발한 것입니다. 아무리 복리의 마법이 대단하다고 해도 경제위기를 정통

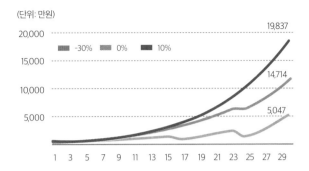

경제위기 대응에 따른 수익 변화

(단위: 만원)

- -30% - 0% - 10%

20,000

19,837

15,000

14,714

10,000

5,000

5,047

1 3 5 7 9 11 13 15 17 19 21 23 25 27 29

으로 맞으면 이런 사태를 피할 순 없습니다. 이 투자자가 만약 경제
위기에 강한 안전자산의 대표인 금과 변동성이 적은 채권과 같이 다
양한 자산으로 포트폴리오를 구축해 뒀다면 적어도 30% 이상의 손
실이 나진 않았을 것입니다. 아마도 손해가 아니라 본전 혹은 수익
을 봤을 가능성마저 있죠. 그래서 30년간 세 차례 경제위기를 겪으
며 0%의 수익이 발생했다고 가정하면, 자산은 1억 4,714만 원이 됩
니다.

이는 경제위기 시 30% 손해를 본 최악의 경우보다 9,667만 원 플
러스고, 가장 이상적인 복리효과보다는 5,123만 원 마이너스입니다.
투자를 하면서 가장 조심해야 할 것은 손해를 보는 것이죠. 최악을
피해야 합니다. 그래야 다음 기회가 주어지고, 복리의 마법도 이어갈

수 있습니다. 그러기 위해서는 주식에 '몰빵'을 해도 안 되고 레버리지와 옵션 같은 위험한 상품도 피해야 합니다. 꾸준한 수익을 만들기 위해서는 자산분배가 필수입니다. 그리고 복리의 효과를 안전하게 누리기 위해 우리는 늘 리스크를 관리해야 합니다.

100번 말해도 부족한

자산배분

투자에 있어 가장 중요한 것이 무엇이냐고 제게 묻는다면 주저 없이 '자산배분'이라고 할 것입니다. 건물을 올릴 때 중요한 것이 기초공사인 것처럼 자산배분이 어떻게 되어있느냐는 모든 투자의 성공과 실패를 가르는 기준이 됩니다. 그래서 투자자가 부자로 남고 싶다면 자산배분이 잘 되어야 합니다.

그런데 안타깝게도 대부분의 투자자는 자산배분보다 자신이 지금 투자한 종목의 수익률이 얼마인지를 중요하게 생각합니다. 테슬라의 수익률만을 중요하게 여긴 한 투자자의 자산을 들여다보겠습니다. 그의 총 투자자산 10억 원 중에는 부동산 자산 8억 원, 연금과 현금 1억 원, 국내 주식 7,000만 원, 해외 주식 3,000만 원이 있습니다. 해외 주식 3,000만 원 중에 테슬라는 1,000만 원이 들어가 있으며 현재 수익률이 -20%여서 200만 원 손해를 보고 있는 상황입니다. 여기서 진지하게 고민해야 할 것은 10억 원 중에 1,000만 원 투자하고 있는 테슬라 주가가 그에게 그렇게 중요할까요? 현재 가지고 있는 자산의 비중을 보면 테슬라보다는 국내 주식에 관심을 가져야 하고, 그보다는 연금과 현금의 비중이 더 크죠. 그리고 무엇보다 중요하게 생각해야 할 것은 부동산 자산 8억 원입니다. 8억 원에서 1% 하락해도 800만 원의 큰 손해가 발생합니다. 테슬라 주식의 현재 손해 금액보다 4배나 높은 리스크가 부동산 자산 1% 하락으로 발생할 수 있다는 것입니다. 테슬라 20% 하락보다 부동산 자산의 1% 하락이 내 자산을 움직이는 중요한 변수입니다.

그런데 그는 어디에 더 신경 쓰고 시간을 투여하고 있죠? 테슬라가 공장을 늘리고 생산을 확대하는 것을 알아보기 위해 시간을 소비하는 것보다 자신의 부동산의 입지가 좋은지 개발 호재가 존재하는지 교통편은 어떤지 파악하는 것이 훨씬 중요한 일인데 말이죠. 그러면 지금이 부동산 버블의 끝자락이고, 앞으로 엄청난 하락장이 펼쳐질 거라면 어떻게 될까요? 그동안 버팀목이 되어준 그의 자산 중 80%를 차지하는 부동산의 하락은 그의 인생을 힘들게 할 리스크가 되는 것입니다. 현명한 투자자라면 리스크를 줄이기 위해 최대한 노력하며, 그 무엇보다 자산배분을 중요하게 생각할 것입니다.

　자산배분을 위해 우리가 알아야 할 투자자산은 어떤 것들이 있을까요? 대표적으로 부동산, 주식, 채권, 원자재, 현금 등으로 구분할 수 있습니다. 이런 자산들의 비중을 어떻게 가지고 가느냐는 개인의 투자성향에 따라 달라집니다. 그리고 한 가지 주의할 점은 부동산 중에서 자기가 살고 있는 집은 투자자산이 아니라는 것입니다. 투자자산은 상황에 따라 다른 자산으로 이동이 가능해야 하는데 우리가 살고 있는 집은 그렇지 않죠. 부동산 수익이 높을 때는 수익을 실현한 후 하락한 다른 자산으로 배분이 되어야 돈이 순환되고 리스크가 관리됩니다.

　투자를 위해 월세를 선택한 사람도 있지만, 자신의 삶의 질을 높이기 위해 역세권에 경치가 좋은 집을 선택한 사람도 있습니다. 투자를 통해 수익을 얻는 것도 중요하지만, 현재 자신이 사는 집이 더 중요한 경우도 있는 거죠. 어쨌든 우리는 투자자산인 부동산과 투자자산이 아닌 부동산을 구분해야 합니다. 이렇게 구분을 한 후에 자신의 자산배분을 하기 시작하는 거죠. 이렇게 자산배분을 위한 준비를 마치고, 투자자산의 비중과 밸런스를 맞추기 위해 투자자가 주기

적으로 해야 할 것은 무엇인지는 이후에 나오는 내용에서 다뤄보겠
습니다.

부자의 단어
금리 투자의 시작

대표적인 투자자산 2가지를 살펴보겠습니다. 부동산 투자에는 경매, 토지, 상가, 수익형 부동산 등이 있고, 주식에는 성장주, 가치주, 테마주 등이 있습니다. 자신이 잘 알고 있는 곳에 투자하는 것도 좋지만, 다양한 투자를 경험하고 자신의 투자성향에 맞는 투자처를 찾는 과정은 스스로를 발전시킬 수 있는 중요한 일입니다. 자신에게 맞는 투자처는 저절로 관심과 끈기를 갖게 만들며, 이는 당연히 투자 성공확률을 높여줍니다. 투자라는 것은 자신이 수익을 올릴 확률을 높여가는 과정인 것입니다.

수익을 높이기 위해서 우리가 가장 먼저 알아야 할 것은 무엇일까요? 그것은 바로 금리입니다. 여러분은 금리라는 말을 들었을 때 어떤 생각이 떠오르나요? 대부분 금리가 무엇인지는 알고 있지만, 그것을 실제 투자에 적용하기 위해 계산하는 일은 복잡하고 어렵게 느낄 것입니다. 금리는 평범한 우리들에게 잘 사용하지 않는 용어입니다. 하지만 부자들은 금리라는 말을 자주 사용하며, 이를 통해 부를 축적합니다. 금리라는 말을 얼마나 자주 사용하고 자신에게 유용하게 만드는 것이 부자로 가는 척도가 됩니다.

그렇다면 이제 본격적으로 금리를 알아보겠습니다. 모든 투자에는 금리라는 말이 그림자처럼 따라붙습니다. 왜냐하면 금리는 돈을 값으로 측정하는 수단이기 때문입니다. 1억 원을 현금으로 들고 있는데, 예금 금리가 10%로 오르면 현금의 가치가 높아집니다. 반대로 금리가 1%라면 1억 원을 현금으로 가지고 있는 것보다 수익형 부동산에 투자해 5%의 월세 수익을 만들어내는 것이 유리합니다. 또는 성장주식에 투자해 더 높은 수익을 고려해볼 수 있습니다. 금리 변화에 따라 우리는 투자의 방향을 설정하죠. 이게 핵심입니다.

금리는 돈의 값을 측정하는 도구로 어떻게 사용하느냐에 따라 그 값어치가 달라집니다. 금리는 국가별로 존재하며 나라마다 측정되는 돈의 값이 다르기 때문에 환율이 존재합니다. 원달러 환율이 얼마냐에 따라 외부에서 우리 시장을 매력적인 투자처로 보는지 아닌지가 판가름 납니다. 또한 금리는 고정된 값이 아니라 수요와 공급에 따라 유기적으로 변하며 다양한 이유로 오르락내리락합니다.

돈의 가치를 결정하는 금리로 인해 투자뿐만이 아니라 현재 가지고 있는 자산 또한 영향을 받습니다. 금리의 방향을 잘못 파악하면 큰 손실을 볼 수 있지만, 반대로 잘 이용하면 우리에게 유리한 투자를 할 수 있습니다. 이렇듯 투자의 시작은 금리에서 이루어집니다. 금리는 출발하고 달리는 동안에도 계속 우리의 투자 방향을 알려주는 내비게이션과 같은 역할을 합니다. 모르는 길에서 내비게이션이 없는 운전자는 어떻게 될까요? 원하는 목적지에 도달할 가능성이 희박할 것입니다. 그래서 우리의 투자가 성공하려면 반드시 금리를 알아야 합니다.

환금성이라는
함정

투자라는 단어의 뜻은 이익을 얻기 위해 시간, 노력, 돈 등을 쏟는 것을 말합니다. 다양한 투자 자산 중에 부동산은 대표적인 투자 상품이긴 하나, 직장인들이 부동산 투자를 위해 현장으로 임장을 다닌다거나 물건을 보기 위해 연차를 내고 발품을 파는 일은 쉽지 않습니다.

직장인이 아니어도 하루를 통째로 바쳐 투자하는 것은 쉽지 않습니다. 투자 경험이 쌓이면 부동산 중개사분께 위임하거나 거리가 먼 지방 부동산 투자에 대한 노하우가 생길 수도 있겠죠. 하지만 우리는 경험을 쌓을 수 있을 만큼 시간과 투자금의 여유가 부족합니다. 반면에 주식 투자는 공간에 제약을 받지 않으면서 실시간으로 자유롭게 거래할 수 있습니다. 스마트폰만 있으면 직장에서 화장실을 다녀오는 사이에도 거래가 가능하죠. 투자에 대한 정보 또한 인터넷을 활용하면 발품이 아니라 손품만으로 확인이 가능하고, 국내뿐 아니라 해외주식에도 투자할 수 있습니다. 늦은 밤 혼자 주식 투자를 공부할 수도 있기 때문에 부동산 투자에 비해 시간과 공간에 대한 자유로운 활용이 가능합니다.

주식 투자의 단점으로는 매일 거래가 가능해 손가락 단속이 어렵다는 것입니다. 처음 투자를 시작할 때는 10년 이상 장기 투자하겠다고 다짐하고 시작했는데, 막상 조금의 수익 혹은 손해를 보면 심리적인 동요로 인해 자신도 모르게 손가락이 움직이는 경우가 많습니다. 일반적으로 주식 투자는 환금성이 좋아서 매력적이라고 이야기하지만, 저는 반대로 환금성이 높아 오히려 손해를 보는 사람들이 많다고 생각합니다.

오래전에 주식을 사놓고 팔지 않았던 사람들은 어떻게 됐을까요? 그랬던 사람들은 대부분 부자가 되었습니다. 테슬라의 일론 머스크, 마이크로소프트의 빌 게이츠, 아마존의 제프 베조스, 버크셔 해서웨이의 워런 버핏 등 부자들은 많은 주식을 소유하고 있습니다.

이들이 소유한 것과 같은 주식을 우리가 10년 전에 매수하고 팔지 않았다면 어땠을까요? 당연히 우리도 부자가 됐을 것입니다. 그런데 평범한 투자자가 그렇지 못한 것은 환금성이란 유혹에 넘어갔기 때문입니다. 반대로 부동산은 환금성이 낮기 때문에 갖고 있는 시간이 길어지고, 가치가 상승하는 경우가 많습니다. 시세 또한 매일같이 움직이는 것이 아니기 때문에 더욱 장기 투자할 수 있는 환경이 만들어집니다.

보통의 투자자는 글로벌 주식시장에서 똑똑한 월가의 전문가들과 경쟁하는 것보다 국내 부동산 투자가 괜찮겠다고 생각할 수 있습니다. 하지만 시장 규모를 놓고 보면 글로벌 주식 투자가 훨씬 매력적으로 보입니다. 물론 단순히 무엇이 더 낫다고 평가할 수 없으며, 정답이 정해져 있는 건 아닙니다. 자신이 투자하려는 것에 대한 장단점과 특징을 파악하고 어떤 투자가 자신에게 맞는지 고민과 노력을 동반하는 것이 더 중요한 문제입니다.

지금까지 부동산과 주식의 환금성에 대해 이야기를 나눴습니다. 우리는 복리효과를 누리기 위해서는 장기적인 관점에서 투자를 이어가야 하는데, 환금성이 높은 자산은 때로는 우리의 목표를 이루지 못하게 하는 걸림돌이 됩니다. 그렇다면 무조건 환금성이 높은 주식 투자는 하면 안 될까요? 그건 아니죠. 우리는 주식 투자가 환금성이 높기에 다른 투자자가 실수하기 쉽다는 점을 상기해서 저렴한 가격에 주식을 매수하고 장기적으로 가져가야 합니다. 투자할 때 모르는 것은 리스크이고 공포지만, 그 본질을 이미 알고 있다면 수익을 높일 수 있는 기회가 됩니다. 주식은 환금성이 높아 우리를 유혹에 빠지게 하지만, 그것을 이겨낸다면 더 큰 부를 쌓을 수 있는 자산이 됩니다.

사실 주식과 부동산은 때 놓을 수 없는 단짝입니다. 예를 들어 부동산 경기가 살아나면 아파트, 오피스텔, 상업시설 등을 많이 짓고 도시개발이 활발해질 것입니다. 그렇게 되면 자연스럽게 시멘트 기업부터 건설회사까지 매출이 증가하고, 기업의 주가 또한 오를 것입니다. 투자의 관점에서 보면 건설회사에 투자하면 주식 투자고, 아파트 매물을 산다면 부동산 투자입니다. 조금 더 광범위한 부동산 개념으로 도로, 교량, 터널과 같은 인프라 자산에 투자하고 싶다면 국내에서는 맥쿼리인프라 같은 주식에 투자하면 배당도 받으면서 산업발전에 따른 시세차익도 볼 수 있습니다.

항목	부동산	주 식
투자 금액	약 5,000만 원	1만 원
환금성	낮음	높음
투자자	신거주자, 국내 투자자	개인/기관/외국인 투자자
정보	임장(발품)	인터넷(손품)
범위	국내 부동산	주식, 부동산, 채권, 원자재 등

미국으로 넘어가면 월 배당을 주는 리츠기업으로 리얼티인컴이 있습니다. 리얼티인컴은 편의점, 약국, 식료품점, 피트니스 등 다양한 산업용 부동산을 갖고 있는 기업으로 부동산에서 발생되는 월세 수익을 주주에게 나눠주는 형태입니다. 우리는 주식 투자를 했는데, 부동산에 투자한 것처럼 월세를 받는 것과 동일한 효과를 냅니다. 그렇다면 이는 본질적으로 주식과 부동산 투자 중 어디에 투자하고 있는 것일까요? 부동산에 투자한 것입니다.

우리가 투자하면서 중요하게 봐야 할 것은 자기가 어떤 섹터, 어떤 산업에 투자하고 있는지 입니다. 주식 투자는 부동산뿐 아니라 채권, 금, 원유 등 다양한 자산에 투자할 수 있습니다. 주식은 한 번에 모든 자산을 확인할 수 있기 때문에 초기에 투자를 시작할 때는 주식을 통해 자산배분하는 것이 좋습니다. 나중에 자산이 커지면 자연스럽게 실물 부동산과 실물 금 등 더욱 다양한 자산으로 확장이 가능합니다. 이렇게 확장이 되기 전에 투자사는 주식 투자를 통해 자신에게 맞는 자산배분과 리밸런싱*하는 방법을 익혀둬야 합니다.

리밸런싱(rebalancing)

운용하는 자산의 편입 비중을 재조정하는 일.

한국 투자 VS 미국 투자

투자자가 많이 하는 질문 중 하나가 우리나라 주식과 미국 주식 중에 어떤 것이 나은지입니다. 미국 시장이 크게 하락하면 "지금도 미국에 투자해도 되나요?" 반대로 미국 주식이 오르면 "많이 오르면 거품인 것 아닌가요?", "지금 미국 주식에 투자해도 되나요?"와 같은 다양한 질문을 받습니다. 신기하게도 한국 주식에 투자해도 되는지에 대한 질문은 상대적으로 드뭅니다. 이러한 이유는 투자자 대부분이 한국 주식 투자는 기본적으로 하면서 해외에 추가로 투자하는 경우가 많기 때문이죠.

그런데 여기서 질문을 바꿔야 할 필요가 있습니다. "투자를 어디에 하면 수익을 낼 수 있는 확률이 높나요?"와 같이 말이죠. 왜냐하면 우리의 목적은 주식 투자를 통해 수익을 만드는 것이고, 어느 국가가 매력적인 투자시장인지를 확인해야 하기 때문입니다.

GDP(Gross Domestic Product, 국내총생산)를 보면 잘사는 국가가 어디인지 알 수가 있는데 미국과 중국, 일본이 각 1, 2, 3위를 차지하고 우리나라는 10위입니다. 참고로 최근 신흥국으로 관심을 받고 있는 인도는 6위입니다. 잘사는 국가에서 잘나가는 기업이 존재하듯, 현재 미국이 GDP 1위 국가이며 세계 시가총액 상위 10위권에 포함된 기업 대부분이 미국 기업입니다. 애플, 마이크로소프트, 구글 등이 대표적이죠.

우리 생활을 보더라도 어느 기업이 잘나가는 기업인지에 대한 답은 이미 나와있습니다. 아침에 일어나 아이폰 알람을 끄고 유튜브 영상을 보며, 커피는 스타벅스 아메리카노를 마십니다. 점심에는 머리가 아파서 타이레놀(존슨앤존슨)을 먹고, 갈증이 나면 코카콜라를 마시며, 저녁에는 나이키 트레이닝복을 입고 운동을 합니다. 이 짧은 문장에 6개 미국 기업이 등장합니다. 그만큼 우리 생활에 미국 기업이 스며들어 있습니다. 그들은 소비재부터 스마트장비까지 다양한 방면으로 한국뿐 아니라 세계 곳곳으로 사업을 확장하고 있습니다.

투자의 대가 피터 린치(Peter Lynch)는 생활 속에서 투자 아이디어를 얻는 것을 좋아합니다. 그는 독보적인 점유율을 가진 기업이나 브랜드 가치가 높은 기업은 투자 매력이 높다고 했는데, 우리 주변을 잘 살펴보면 그런 기업 중엔 미국 기업이 많습니다. 이렇게 이야기하면 무조건 미국이 옳다는 것처럼 들릴 수 있지만, 아무래도 미국 기업 중에 확률적으로 망하지 않고 오래도록 살아남으면서 매출을 꾸준히 늘릴 가능성이 높은 기업이 많습니다. 투자할 만한 기업이 많은 곳은 수익을 낼 확률도 높습니다. 시장이 크면 클수록 그럴 가능성이 높죠. 미국 시장이 그렇습니다. 손흥민 선수가 세계 시장으로 나가지 않고 국내에서 머물러 있었다면, 지금의 연봉을 받을 수 있었을까요? 우리 또한 넓은 시장에서 투자하는 것이 더 큰 수익을 만들 수 있는 기회가 될 것입니다.

세계 GDP 상위권 국가와 세계적 브랜드 가치를 인정받는 기업들

세계 GDP TOP 5

1. 미국   23.0
2. 중국   17.7
3. 일본   4.9
4. 독일   4.2
5. 영국   3.2
⋮
10. 한국   1.8

(단위 : 억 달러)
기준일 : 2021년

브랜드 가치 TOP 10

THE WORLD'S TOP 10 MOST VALUABLE BRANDS 2022

1 ▲ Apple $355.1bn
2 ▲ amazon $350.3bn
3 ▲ Google $263.4bn
4 ▲ Microsoft $184.2bn
5 ▲ Walmart $111.9bn
6 ▼ SAMSUNG $107.3bn
7 ▲ facebook $101.2bn
8 ▼ ICBC $75.1bn
9 ▲ HUAWEI $71.2bn
10 ▲ verizon $69.6bn

Brand Finance   Source: Brand Finance Global 500 2022   brandirectory.com/global

이제 미국 주식에 투자하는 것도 좋겠다는 생각이 드시나요? 추가로 이해를 돕기 위해 기업 2곳을 비교해보겠습니다. 한국에 이마트가 있다면, 미국에 월마트가 있습니다. 둘은 같은 산업에 종사하는 기업으로 최근 5년간 매출과 순이익이 모두 성장했습니다. 이마트의 매출성장률은 월마트보다 더 좋습니다. 그렇다면 5년간 이마트의 주가와 월마트의 주가는 어떻게 변화했을까요? 이상하게도 한국의 이마트 주가는 50% 하락했고, 미국의 월마트 주가는 56% 상승했습니다. 5년 전 두 기업에 동일하게 100만 원을 투자했다면, 이마트 잔고는 50만 원, 월마트 잔고는 156만 원이 됐겠죠.

(기간 : 2017.08.01~2022.07.27)

왜 이런 결과가 나오는 걸까요? 그 이유는 한국 주식은 대외환경에 많은 영향을 받기 때문입니다. 한국 주식은 코리아 리스크, 공매도, 중국 봉쇄, 미국의 금리 인상 등 다양한 이유로 그 가치를 제대로 평가받지 못하는 경우가 많습니다. 반면에 미국은 기업의 실적이 주가에 반영이 잘되며, 대외환경으로 주가가 출렁이더라도 금세 제자리를 찾아갑니다. 미래가치를 높게 평가받은 기업은 더욱 크게 성장하는 경향이 있죠. 대표적인 기업으로 테슬라가 있습니다.

한국의 이마트와 미국의 월마트를 이야기했는데, 나라를 대표하는 증시를 봐도 마찬가지 결과를 보여주고 있습니다. 한국의 코스피는 박스권 횡보를 오랫동안 했으며, 같은 기간 미국의 S&P500은 유연한 성장을 했습니다. 이것만 놓고 보면 애국심을 투자까지 반영해서, 한국 주식을 매수하는 것은 좋은 선택이 되지 않았네요. 투자는 냉철한 상황 분석과 객관적인 데이터를 가지고 선택해야합니다.

저도 처음에는 한국 주식으로 투자를 시작했으며, 기울어진 운동장에서 뛰는 선수처럼 끝없는 하락으로 어려운 시기를 겪었습니다. 하지만 지금은 그동안의 투자 공부와 경험을 통해 건강한 종목을 선별해 투자할 수 있게 됐습니다. 스스로가 올바른 방향을 설정하고 장기 투자를 하면 부자가 될 수 있다는 사실을 깨달았기에 더 이상 투자를 하는 일이 힘들지 않습니다 앞에서 본 것처럼 한국 주식과 미국 주식 중에 동전의 양면처럼 단 하나를 선택해야 한다면, 미국 주식을 선택하는 것이 현명할 수 있습니다. 하지만 무슨 일이든 예외가 있는 법이죠. 자신이 잘 알고 있는 산업이 있고, 스스로 미래가치분석이 가능하다면 한국 주식 투자 또한 매력적인 투자가 될 수 있습니다. 언제나 투자는 선택의 연속이며, 정답이 아닌 최선의 선택이 존재할 뿐이니 지금 상황을 객관적으로 보며 확증편향에 빠지지 않기를 바랍니다.

지금까지 투자에 대한 개괄적인 이야기를 다뤘으니, 다음 장부터는 실전으로 들어가겠습니다. 주식으로 투자할 수 있는 모든 자산을 소개해드릴 테니, 자신에게 맞는 투자자산을 찾길 바랍니다.

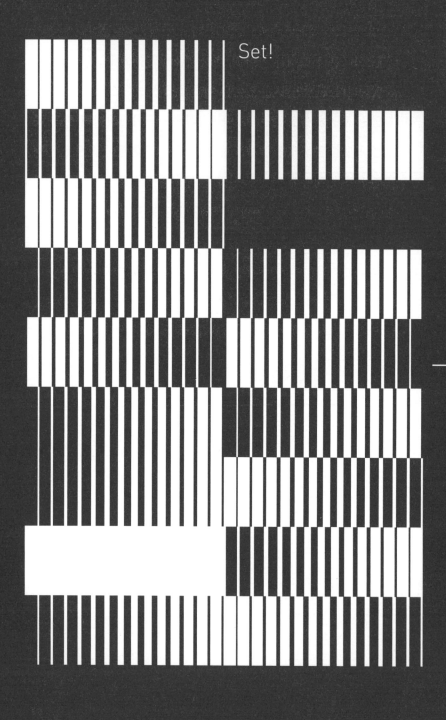
Set!

2

투자자산의
모든 것

주식 투자의
7가지 방향

증권사를 통해 주식계좌를 개설하고 나면, 우리는 전 세계 어디든 투자할 수 있는 글로벌 투자자가 됩니다. 국내와 해외로 나눠서 계좌를 만들 수 있지만, 요즘에는 통합 앱이 나오고 있어 더욱 편리하게 이용할 수 있습니다. 앱을 선택하는 독자님께 어느 증권사가 더 좋다고 말하기는 힘듭니다. 왜냐하면 그때그때 증권사 프로모션에 따라 혜택이 다를 수 있으니까요.

한 가지 조언을 드리자면 커피 쿠폰처럼 단발성 이벤트보다는 수수료와 환율 우대 혜택을 비교한 뒤 혜택 기간까지 고려해 선택하는 것이 좋습니다. 우리는 장기 투자로 복리효과를 누리는 것이 목적이기에, 향후 얼마나 적은 수수료와 높은 환율를 가졌는지가 가장 중요합니다. 증권사를 선택한 후 중요한 것은 어떤 자산에 얼마의 비중으로 투자할지 결정하는 일입니다.

이제 본격적으로 주식으로 투자할 수 있는 것이 무엇인지 7가지 투자 대상을 살펴보겠습니다.

① 성장기업 투자

국내에서 대표적인 성장기업으로는 네이버와 카카오가 있고, 글로벌 시장으로 나가면 애플과 테슬라가 있습니다. 말 그대로 성장하는 산업에 포함된 기업이 성장기업이고, 그중에서 우리는 점유율 높은 기업에 투자합니다. 이것이 기업의 인지도와 브랜드파워가 중요한 이유입니다. 그렇다면 성장하는 산업은 무엇이 있는지 알아야 우리의 투자 방향이 맞는지 판단할 수 있을 것입니다. 혹은 지금 투자하고 있는 기업이 성장기업인 줄 알았는데, 실제로 그렇지 않다면 다시 한번 자신이 바른 투자를 하고 있는지 고민해봐야 합니다.

한국표준산업분류로 구분된 성장유망업종 주요 품목 중에 몇 가지를 보겠습니다. 여기에는 신제조공정, 로봇, 항공·우주, 바이오

소재, 신재생 에너지, 스마트팜, 바이오, 5G 통신, 게임 등이 있습니다. 복잡해 보이지만 쉽게 생각하면 지금의 우리 문제를 해결해주는 산업이 성장기업인 것입니다. 예를 들어, 온실가스 배출이 많아 지구의 온도가 높아지고 있기 때문에 기후변화가 심해지고 있습니다. 예상하지 못한 기후변화는 폭염, 폭우 등 다양하게 나타나며 농작물 피해와 사람들의 생활에 문제를 일으킵니다. 해결 방법으로 탄소 배출량이 높은 기존 차량보다는 전기차 개발에 힘을 쏟고 있으며, 대체 에너지로 태양력과 풍력 에너지 개발도 활발하고 투자자 또한 몰리고 있습니다. 만약 성장기업에 투자를 고려한 투자자는 이런 사회문제와 미래를 예측하는 눈을 가져야 합니다.

② 배당기업 투자
—

배당이란 것은 기업의 이익을 주주에게 나눠주는 행위입니다. 배당은 얼마나 기업이 주주를 생각하는지 판단할 수 있는 기준이 됩니다. 미국에서는 50년 넘게 배당을 증가시킨 기업을 '배당 왕족주'라 부르고, 25년 이상 배당을 증가시켜온 기업을 '배당 귀족주'라 합니다. 수천 개가 넘는 미국 기업 중에 현재 배당왕족주는 44개, 귀족주는 65개입니다(2022년 7월 기준). 미국에서는 왕족주에 포함되기 위해 기업들이 부단히 노력하고, 왕족주에 들어간 순간부터 타이틀을 놓치지 않으려고 꾸준히 주주환원정책을 고수합니다. 그런 왕족주에 투자자는 신뢰를 갖고 장기 투자를 하며, 투자의 선순환이 일어납니다. 한국도 미국과 같은 주주환원정책을 펼치는 기업이 많아지길 바랍니다.

배당기업에 투자할 때 무엇보다 중요하게 봐야 할 것은 지금까지 배당을 잘 주었는지와 앞으로도 잘 줄 것인지입니다. 과거는 데이터가 있기 때문에 판단에 어려움이 없습니다. 배당컷(배당 삭감)이 있었거나 배당성장률이 낮은 기업은 투자 대상에서 제외하면 그만입니다. 하지만 지금 좋은 기업들도 앞으로 배당을 계속 잘 줄지는 미지의 영역입니다. 과거에 배당을 잘 준 기업이라고 해도 무조건 미래가 보장되는 것은 아닙니다.

우리가 예측해볼 수 있는 것은 배당이 곧 기업의 이익이므로, 해당 기업이 계속 매출과 이익을 확장해갈 수 있는지 예측할 수 있습니다. 코카콜라의 경우에는 수십 년 동안 글로벌 확장과 다양한 용량 개발로 사업을 다각화하면서 규모를 키워왔습니다. 이처럼 성장기업에서만 미래를 볼 수 있는 것이 아니라 우리의 일상생활에서도 혁신을 발견할 수 있습니다. 그리고 그 안에서 계속 발전하는 기업을 찾아야 합니다. 코카콜라처럼 성장하는 배당기업은 보통 독보적인 점유율과 대체 불가능한 기술을 갖고 있는 경우가 많습니다. 이는 성장 기업과 조금은 다르지만, 결국 기업의 미래가 밝은지, 꾸준히 성장할지를 예측하고 투자하는 것은 동일합니다.

③ 리츠 투자

리츠는 부동산을 일컫는 말로 그냥 월세라고 생각하면 이해하기 쉽습니다. 국내에서는 월 배당을 주는 기업이 별로 없지만, 미국에는 이런 기업이 다양하게 존재합니다. 리얼티인컴(Realty Income Corporation)이 대표적으로 산업용 건물을 임대해주고 월세를 받는 구조를 가지고 있습니다. 우리가 직접 상가에 투자한다면, 발품을 팔아 입지조건, 유동인구, 교통 등을 고려해 물건을 선정합니다. 다음으로 임차인과 계약하고 유지 보수를 해줘야 합니다. 임차인이 변경될 경우 또다시 시설관리를 직접 해야 하고, 주인은 공실에 대한 스트레스도 받게 됩니다. 이런 일들이 많은 시간을 필요로 하지는 않지만, 매입 후 모든 것이 추가적인 비용과 시간을 쏟는 일들입니다.

반면에 우리가 리얼티인컴에 투자한다면 어떻게 될까요? 개인이 하던 모든 일은 회사에서 관리합니다. 우리는 그저 투자만 하고 배당만 받으면 됩니다. 분기마다 나오는 실적발표를 보고 공실률이 어떤지, 월세는 잘 들어오고 있는지만 체크하면 그만입니다. 더 좋은 것은 부동산 관련 세금에서 해방될 수 있습니다. 투자자는 주식 양도세는 내야 하지만, 자주 바뀌는 국내 부동산 정책에 흔들리지 않아도 된다는 장점이 있습니다.

리츠도 성장하는 분야가 있으며 요즘에 떠오르는 4차 산업혁명의 리츠 산업으로는 5G 통신 타워, 데이터센터, 물류센터 등이 있습니다. 예를 들어 온라인 거래가 많아지면서 물건을 백화점에 가서 직접 사는 것이 아니라 인터넷으로 주문하는 일이 많아졌습니다. 최근에는 명품도 인터넷에서 판매하고 있지 않나요? 그리고 물품들은 백화점 매장이 아닌 물류센터에서 보관합니다. 이것은 또한 이동의 효율성을 불러일으켰습니다.

세계는 코로나19 때문에 더욱 빠르게 물류의 변화가 일어나기 시작했으며, 해외 배송이 증가하고 있습니다. 앞으로 국가별로 거점이 필요해지고, 물류센터는 점점 늘어날 것입니다. 이런 상황은 전자상거래 시장 상황에 따라 함께 변동성을 가져갈 수 있지만, 물류산업의 흐름은 물류센터의 확장에 손을 들어주고 있습니다. 물류센터와 마찬가지로 데이터센터와 5G 통신타워도 성장하는 리츠의 대표 산업입니다.

리츠 투자는 정말 다양한 산업으로 확장되고 있습니다. 여기서 우리는 성장보다 배당에 리츠 투자의 포커스를 맞춰야 합니다. 성장의 속도가 줄어도 꾸준히 배당을 줄 수 있는 현금 여력이 중요합니다. 기업의 성장으로 시세차익까지 크게 발생하면 좋겠지만, 이는 부가적인 이익일 뿐입니다. 자산배분 차원에서 부동산 자산군을 얼마의 비중으로 투자할지에 따라 포트폴리오의 다각화 정도가 달라진다는 사실을 투자자는 명확히 알아야 합니다.

④ ETF 투자

ETF는 상장지수펀드(Exchange Traded Fund)의 약자로 우리가 투자를 편하게 할 수 있게 다양한 종목을 묶어서 거래할 수 있는 상품입니다. 펀드와 비슷하다고 볼 수 있지만, 결정적으로 다른 것이 ETF 투자는 주식처럼 실시간으로 직접 거래가 가능하다는 것입니다. 개인이 직접 거래를 하니까 당연히 수수료가 펀드보다 저렴한 편입니다. 또한 직접 기업에 투자하는 것보다 적은 비용으로 많은 기업에 투자할 수 있는 매력이 있습니다.

주식의 경우 국내에서 잘나가는 삼성전자, SK하이닉스, 네이버, 현대자동차, 삼성SDI 등 10개 기업을 1주씩 매수해도 100만 원이 훌

쩍 넘어갑니다. 그런데 'TIGER TOP10' ETF에 투자하면 10개 기업에 모두 투자하는 효과를 투자자는 누릴 수 있습니다. ETF의 1주당 가격은 대개 1만 원대이므로, 이 투자는 적은 금액으로도 다양한 기업을 담을 수 있습니다. 투자자는 더 나아가 지수를 추종하는 ETF에 투자할 수 있으며, 지수, 배당, 성장, 레버리지 등 입맛에 맞게 투자할 수 있습니다. 이때 상품이 워낙 많기 때문에 ETF를 선택할 때 중복되는 기업이 존재하는지 점검하는 것이 중요합니다.

국내에서 ETF로 가장 많이 투자하는 것은 'KODEX 200'으로 코스피200지수를 추종하는 상품입니다. 그리고 두 번째는 'TIGER 차이나전기차 SOLACTIVE'로 중국 전기차 관련된 기업에 투자하는 상품입니다. 추가로 ETF 투자는 국가, 채권, 금, 원유 등 더욱 다양한 자산에도 투자할 수 있으며, 포트폴리오를 구성하고 관리하기에 ETF만한 투자가 없습니다. 지금 소개하고 있는 7가지 자산 모두 ETF로 구성할 수 있으며, 뒤에서 사례로 더욱 자세히 다뤄보겠습니다.

⑤ 중국·신흥국 투자

중국 투자라는 말을 머릿속에서 떠올리면 '그것을 과연 우리가 할 수 있나요?'라는 의문이 들 것입니다. 하지만 중국 기업이라도 미국이나 홍콩에 상장된 회사라면 누구나 투자할 수 있습니다. 미국에 상장된 대표적인 중국 기업은 아마존의 경쟁사 알리바바, 구글의 경쟁사 바이두, 테슬라의 경쟁사 니오 등이 있습니다. 중국 정책과 대외환경 이슈에 따라 주가 변동성이 크지만 중국 기업에 대한 믿음이 있다면 투자를 고려해도 좋습니다.

개인적으로 중국 전기차와 관련된 산업에 대한 전망을 좋게 보기 때문에 앞에서 소개한 ETF로 투자하고 있습니다. 중국은 명실공히 G2로 손꼽히며 미국 다음으로 잘나가는 글로벌 국가이며, 14억 5,000만 명의 인구를 자랑하는 투자처로 보면 매력적인 국가입니다. 그리고 우리가 시선을 조금 돌려보면 인구 2위인 나라 인도가 있습니다. 유엔에서 발표한 〈세계 인구전망 2022〉 보고서를 보면 2023년에 인도가 중국의 인구를 제치고 세계 1위 인구 대국이 될 것으로 전망하고 있습니다. 심지어 젊은 연령이 상대적으로 많기에 미래 전망을 더욱 좋게 보는 투자자도 있습니다.

선진국에서 시선을 신흥국으로 돌리면 베트남이 있습니다. 베트남은 젊은 인구가 많고 한국의 30년 전을 보는 것처럼 이제 막 발전을 시작한 국가입니다. 베트남의 오토바이들이 자동차로 바뀌는 순간 엄청난 변화가 일어날 것입니다. 도로부터 소비력까지 다양하게 성장하고 있는 베트남도 지켜봐야 할 매력적인 국가입니다. 레이 달리오*의 자산배분에서는 주식과 채권을 나누고, 주식 중

레이 달리오(Ray Dalio)

미국의 투자가이자 헤지펀드 매니저. 브리지워터 어소시에이츠(Bridgewater Associates)의 설립자이자 전 CEO다. 레이 달리오가 만든 올웨더 포트폴리오(All-weather Portfolio) 전략은 금융계와 개인 투자자들 사이에서 끊임없이 회자되고 있다.

에서도 선진국과 신흥국을 구분해 투자를 진행합니다. 우리도 자산배분을 할 때 미국과 같은 선진국도 좋지만, 신흥국으로 자산을 일부 배분해 투자하는 것이 포트폴리오 구성에 좋고 리스크를 줄이는 효과를 볼 수 있습니다.

⑥ 채권 투자

—

채권은 개인 투자자의 손이 잘 가지 않는 투자자산입니다. 그런데 채권 없이 자산배분을 한다는 것은 김밥에 단무지가 빠진 것과 같습니다. 2020년 3월 코로나19로 국내 증시가 엄청난 하락을 맞았습니다. 국내 증시가 30% 이상 하락했으니, 주가가 반토막이 된 회사들이 많았을 것입니다. 그런데 당시 모든 주식이 하락한 때, 상승한 자산이 바로 채권이었습니다. 채권은 주식과 반대로 움직이는 성

향이 있기 때문에 경제위기로 주식이 무너질 때 반대로 효자 역할을 합니다. 우리가 채권에 투자했다면 결과가 어땠을까요?

주식의 하락은 고통스럽지만 투자할 자금이 있는 투자자에게는 저가 매수의 기회입니다. 그런데 개인 투자자는 대부분 하락장에서 추가로 투자할 수 있는 현금이 없습니다. 반면에 부자들은 다양한 자산으로 투자를 하기 때문에 이런 기회를 놓치지 않습니다. 그래서 부자들은 경제위기 때마다 더 큰 부를 쌓을 수 있는 것입니다. 채권은 성장기업에 투자하듯이 매년 자산을 늘리겠다는 목표가 아닌 7~10년에 한 번씩 찾아오는 경제위기를 극복하기 위해 투자하는 자산입니다. 보험과 같은 자산으로 인식하는 것이 좋으며 중간에 보험을 해지하는 일이 없도록 잘 관리하는 것이 중요합니다.

⑦ 원자재 투자

원자재라고 하면 금, 은, 구리, 원유, 천연가스, 옥수수, 대두 등 정말 다양합니다. 이런 자산에 우리는 왜 투자해야 할까요? 앞에서 소개한 자산들은 대부분 비슷한 경제 사이클 흐름을 가지고 있으며, 외부 환경에도 함께 영향을 받습니다. 위험자산에 대한 투자가 위축되면 대부분의 투자자산은 하락하게 됩니다. 그렇다면 반대로 안전자산을 선호하는 사람들이 많아지면 돈이 몰리는데, 그 대표적인 것이 금 투자입니다. 최근 10년 금의 흐름을 보면 8년간 조용한 흐름을 보이다가 코로나19 이후 크게 상승했고, 그 후 주식시장이 좋지 않은 모습을 보이는 동안 금은 반대로 10년 중 최고가를 갱신했습니다. 위축된 주식시장 때문에 우리의 계좌가 꽁꽁 얼었을 때마다 늘 따듯한 난로 같은 역할을 해줍니다.

추가로 2022년 약세장과 경기침체로 어려운 고비를 겪을 때 급격하게 자산이 상승한 분야가 바로 에너지와 농업이었습니다. 국가 간의 싸움 혹은 기후변화로 인해 식량 전쟁은 앞으로 계속될 가능성이 높습니다. 지금은 우리가 이런 원자재에 관심을 가져야 할 시기입니다. 경제위기 때마다 상승한 금은 채권과 같은 개념으로 포트폴리오의 밸런스를 맞추기 위해 꼭 필요한 자산입니다.

지금까지 주식 투자로 우리가 할 수 있는 7가지 자산을 소개했습니다. 성장주, 배당주, ETF, 리츠, 중국·신흥국, 채권, 원자재를 개별로 이야기한 이유는 각자 투자의 목적이 다르기 때문입니다. 성장의 마인드로 배당을 투자하면 안 되고, 채권에 투자하는데 리츠 투자를 기준으로 이야기하면 안 됩니다. 각자 투자 성격이 다르기에 우리는 정확한 목적을 가지고 자산을 선택해야 합니다. 더불어 선택한 자산은 투자성향에 맞게 비중을 분배해야 내게 맞는 포트폴리오를 구성할 수 있습니다.

성장기업과 메가트렌드
3가지

우리가 보통 생각하는 성장기업은 미국 빅테크 기업*입니다. 시가총액이 큰 기업들을 살펴보면 애플, 마이크로소프트, 구글, 테슬라 등이 있습니다. 그런데 과연 이런 기업들에 투자

빅테크 기업

애플, 마이크로소프트, 알파벳, 아마존, 테슬라, 엔비디아 같은 대형 정보기술(IT) 기업을 지칭하는 말이다. 국내에서는 네이버와 카카오처럼 온라인 플랫폼 제공 사업을 핵심으로 하다가 금융시장에 진출한 업체를 지칭하는 용어로 쓰인다.

하는 것이 수익률 좋은 성장투자일까요? 반은 맞고, 반은 틀린 답입니다.

과거를 보면 미래를 예상할 수 있다고 하죠. 1996년 세계 시가총액 1위는 제너럴일렉트릭(GE)이었고, 2006년에는 엑슨모빌이 1위였습니다. 2022년은 애플이 1위를 차지하고 있죠. 그런데 애플이 2040년에도 1위일까요? 그것은 아무도 장담할 수 없습니다. 애플이 메타버스 AR·VR 기기를 개발해 시장을 장악하고, 애플카 또한 자율주행이 완벽하게 구현되며 애플 생태계를 더욱 단단하게 구축한다면 1위가 가능하겠죠. 하지만 새로운 경쟁자가 등장하고 애플의 신사업이 잘 이뤄지지 않는다면 1위를 유지하기 어려울 수도 있습니다.

성장기업으로 살아남는다는 것은 어려운 일입니다. 성장주에 투자하기 위해서는 기업의 비전과 신사업의 성패를 꾸준히 모니터링해야 합니다. 세상이 바뀌는 트렌드에 민감하고 새로운 것에 대한 관심이 많은 투자자라면 즐거운 일이 될 수 있지만, 그렇지 않은 투자자라면 성장기업 투자에 어울리지 않을 수 있습니다. 성장기업에 투자할 때는 관심 있는 분야를 선택하는 것이 좋습니다. 그래야 하나라도 더 찾아보고 꾸준히 모니터링하며 오래 가져갈 수 있기 때문입니다.

과거 사례를 잠깐 살펴보면, 이동 수단인 마차가 자동차로 넘어오면서 엄청난 산업발전이 일어났습니다. 이와 함께 컨베이어벨트의 도입으로 대량생산이 가능해졌고, 공장 가동의 효율이 증가해 대중적인 제품들이 등장했습니다. 제조기업이 엄청난 호황기를 맞이했던 시기입니다. 조금 더 시대를 이동시켜 보면, 개인용 PC와 인터넷이 등장하면서 업무 효율이 좋아졌고, 최근에는 스마트폰과 5G 통신 개발로 인해 각자가 어디서든 움직이면서 모든 것을 할 수 있는 세상이 됐습니다.

이런 이야기를 들으면서 몇 개 기업들이 여러분의 머릿속에 스쳤을 것입니다. 여기에 해당하는 대표적인 기업으로 마이크로소프트와 애플이 있습니다. 2010년부터 지금까지 주가 변화를 보면 애플은 21배, 마이크로소프트는 9배 상승했습니다. 과거에도 우리의 생활을 바꾼 기업들은 어마어마하게 성장했고, 주가 또한 상승한 것을 우리는 잘 알고 있습니다. 그래서 우리가 성장기업에 투자해야 하는 이유는 바로 높은 기대수익입니다. 투자자는 그 기업들의 미래 산업이 잠깐 반짝이는 이슈인지 장기적인 트렌드인지 파악해야 합니다.

앞으로 중요해질 변화 3가지를 소개하겠습니다. 그 속에 숨은 진주가 있으니 찾아보시기 바랍니다.

① 인구변화

인구는 국가의 힘을 직관적으로 보여주는 지표이며, GDP에 영향을 끼치는 항목입니다. GDP가 높다는 것은 한 국가 내에서 이뤄지는 모든 생산활동이 활발하다는 증거입니다. 이런 나라는 투자자에게 매력적인 시장을 가졌다는 이야기입니다.

국가별로 보면 나라마다 많은 비중을 차지하는 연령대가 존재합니다. 한국은 현재 5060세대라고 할 수 있는 베이비붐세대가 가장 높은 인구밀집을 보이고 있습

> **MZ세대**
>
> 1980년대 초와 2000년대 초 사이에 출생한 M(밀레니얼)세대와 1990년대 중반부터 2000년대 초반까지 출생한 Z세대를 통칭하는 말이다.

니다. 실제 5060세대의 소비에 따라 한국이 변해왔다고 해도 무방합니다. 그들이 서울로 상경할 때 강남 아파트가 대량으로 보급됐고, 지금은 그들의 자녀인 MZ세대*의 소비가 어디로 연결될 것인지에 많은 기업이 촉각을 세우고 있죠. 2021년에 사망자 수가 출생아 수를 뛰어넘으면서 인구감소가 시작됐고, 인구 밀도가 높은 베이비붐세대와 그들의 자녀 MZ세대에 관심이 더욱 높아지고 있습니다. 인구감소는 자연스럽게 수도권 인구 집중 현상을 일으키고 비수도권

에서는 읍, 면, 동이 소멸 위험을 맞고 있습니다. 2026년에는 65세 인구가 20% 넘어가면서 초고령화 사회 진입을 예고하고 있습니다. 투자자 혹은 사업가 마인드로 초고령화 사회에 필요한 것은 무엇일까요?

우리에게 무엇보다 중요한 것은 건강이기에 헬스케어 산업은 지금도 활발하지만, 앞으로 더욱 성장할 것입니다. 만성질환 치료제, 건강식품, 의료기기, 일반 의약품, 마음치료 등 다양한 케어가 우리에게 필요해졌습니다. 여기에 추가로 서포트 로봇도 유망산업으로 관심받고 있습니다. 수술 로봇, 간호 로봇, 이동 로봇, 치매치료 로봇, 우울증치료 로봇 등에 대한 수요가 많아졌습니다. 인력이 부족한 상황에서 로봇은 자동화 공장뿐 아니라 다양한 산업의 역군이 되고 있습니다. 그리고 로봇산업은 한 발 나아가 고령층의 여가와 휴식까지 담당하는 역할을 할 것으로 예상됩니다.

최근 트로트 가수 임영웅과 송가인 팬들의 열정을 보면 알 수 있듯, 고령화된 팬덤의 행동력은 젊은 사람 부럽지 않을 만큼 적극적입니다. 이들의 활약은 또한 우리가 고령화 사회에서 살고 있음을 깨닫게 합니다. 일본은 2006년에 이미 초고령화 사회에 돌입했고, 독일은 2009년이었습니다. 중국은 2035년, 미국은 2036년에 65세 인구가

20%을 넘어가며 글로벌 중요 국가의 연령은 점점 높아지고 있습니다. 의학기술이 발전할수록 인간의 수명은 연장되고 고령 인구는 계속 증가할 것입니다. 투자자는 인구변화라는 큰 흐름을 인식하고, 복리효과를 누릴 수 있는 미래 산업에 대한 투자를 준비해야 합니다.

- 바이오 헬스케어: 존슨앤존슨, 일라이 릴리, 로슈, 화이자, 애브비, 머크
- 로봇: 하모닉 드라이브 시스템스, 인튜이티브 서지컬, 화낙
- 서비스: 유나이티드헬스케어, 웰타워, 오메가헬스케어

② 기후변화
—

최근 일기예보 혹은 신문 기사를 보면 몇십 년 만에 폭염, 가뭄, 폭설 등 세계 여러 지역에서 이상 기후가 하고 있습니다. 지구는 현재 온실가스로 인해 점점 뜨거워지고 있으며, 지구 온도 상승 폭을 1.5℃로 제한하기 위해 IPCC(기후변화에 관한 정부 간 협의체)가 발 벗고 나서고 있습니다. 우리가 이를 지키기 위해서는 2030년까지 전 세계 온실가스 순 배출량을 2019년 대비 43% 줄여야 합니다. 2050년까지는 이를 84% 감소시켜야 하는데, 과연 가능한 숫자인지 의심이 됩니다. 조 바이든 대통령은 2021년 미국 자연재해로 인한 피해가 100조

원가량 된다고 언급했습니다. 이는 우리가 결코 가볍게 볼 일이 아니며, 진지하게 고민해야 할 사항입니다.

세계는 유럽을 중심으로 탄소중립을 위해 부단히 노력하고, 관련된 산업은 역시나 대규모의 투자가 이어지고 있습니다. 가시적으로 탄소를 배출하지 않는 전기차가 가장 빠르게 도로를 점령하기 시작했습니다. 침투율로 보면 중국이 가장 먼저 전기차 보급이 이뤄지고 있으며, 2021년 1월 점유율 10%를 넘겼습니다. 전기차 판매는 세계적으로 꾸준히 증가하고 있는데, 2022년 2월 기준으로 중국 20.9%, 미국 6.5%, 우리나라 4.6%입니다. 평균적으로 약 8% 수준인데, 미국과 우리나라는 아직 침투율이 높지 않습니다. 하지만 그렇기 때문에 이 두 나라는 앞으로 전기차 시장이 더 확장될 수 있습니다. 특히 미국은 중국을 앞서기 위해 부단히 노력할 것이고, 이는 미국 전기차 제조기업에는 호재로 작용할 것입니다.

미국 캘리포니아주에서는 2035년부터 내연기관 신차 판매를 금지한다고 보도했습니다. 또한 2030년에는 글로벌 시장에서 전기차 침투율이 약 30%에 이를 것으로 예상하고 있습니다. 지금보다 이 시장이 약 4배 이상 성장한다는 이야기입니다. 당연히 전기차 관련된 산업도 함께 확장될 거고요. 전기차 다음으로는 기후변화 완화 수단으로 풍력발전, 태양광발전, 원자력발전 등이 떠오르고 있습니다. 더불어 재생 에너지에 대한 사람들의 관심이 높아지고 있고요.

우리 세상에는 부득이하게 탄소를 많이 배출할 수밖에 없는 기업들이 존재합니다. 그런 기업들은 할당된 탄소배출량을 초과했을 때 탄소배출권으로 비용을 충당하고 있습니다. 한국에서 온실가스 배출량이 높은 업종으로는 제1차 금속산업, 비금속 광물, 화학, 정유 등이 있습니다. 해당 기업에 투자를 고려하고 있다면 이들이 환경문제를 어떻게 극복하느냐가 중요한 투자 포인트입니다. 이로 인해 기업의 희비가 엇갈릴 수 있으니, 투자자는 이 점을 면밀히 살펴봐야 합니다.

— 전기차: 테슬라, BYD, 르노, 폭스바겐, BMW, 현대차
— 친환경 에너지: 엔페이지 에너지, 솔라엣지, 콘솔리데이티드 에디슨
— 탄소배출권: KRBN ETF

③ 노동의 변화
—

사람마다 시간을 보내는 방법이 다양합니다. 최근에는 불을 명

하니 바라보는 '불멍'을 즐기는 사람도 생겨났습니다. 우리의 24시간
은 어떻게 변화되고 있는지 돌아본 적이 있으신가요? 직장에서는 야
근이 줄어들었고, 주5일 근무는 기본이며, 주4일제를 도입하는 기업
도 생겨나기 시작했습니다. 가정에서는 집안일만 하는 것으로도 시
간이 모자랐던 하루가 바뀌고 있습니다. 설거지는 식기세척기가 해
주고, 다림질과 드라이클리닝은 세탁업체에서 배달까지 해줍니다.
음식은 반조리식품으로 끓이기만 하면 되는 '밀키트' 형태의 제품이
아주 흔해졌습니다.

산업으로 확장해보면 공장은 자동화를 넘어 스마트공장에 이르
러 생산직 근로자뿐 아니라 관리직 근로자도 줄어들고 있습니다. 농
업 또한 다양한 기계들이 개발되고 있죠. 이렇게 사람의 손이 덜 타
고 덜 필요해지면서 노동시간이 점점 줄어드는 것은 당연합니다. 지
금의 사회 변화를 생각하면 근로시간 단축은 당연한 결과일 수 있
습니다. 그런데 52시간보다 더 줄어들 수는 없을까요?

이미 글로벌 국가에서는 더 적은 시간의 노동을 하고 있습니다.
일본은 1999년부터 주 40시간 근무를 했고, 프랑스는 1988년부터 35
시간, 독일은 1995년부터 35시간 근무를 하고 있습니다. 우리나라는
다른 국가에 비해 여전히 노동의 시간과 강도가 높은 편입니다. 구로

에서는 건물의 불빛이 '꺼지지 않는 등대'라고 불리고, 야근이 많았던 게임과 IT기업은 판교에도 등불을 밝혔습니다.

우리나라는 2021년부터 주 52시간 근무가 적용됐습니다. 그동안 우리에게 어떤 변화가 생겼을까요? 야근을 일상으로 여기던 직장인들은 여가 시간에 당구와 골프를 치기 시작했습니다. 골프존의 매출은 2년 사이 2배 가까이 증가했습니다. 이처럼 근무 시간의 단축은 여가와 레저 관련 산업의 활성화를 불렀죠. 시간은 돈보다 귀하고, 가치로 따지면 무엇과도 바꿀 수 없는 소중한 것입니다. 투자자 관점에서 시간을 훔치는 기업은 투자가치가 높은 기업이 되기 때문에 중요한 인사이트(insight)를 안겨줍니다. 앞으로 늘어날 수밖에 없는 시간을 5가지 관점에서 살펴볼 테니 투자뿐 아니라 창업, 부업, 생활 등 내게 일어날 수 있는 다양한 사회 변화를 함께 생각해보면 좋겠습니다.

첫 번째는 '보면서 소비하는 시간'입니다. 사람들이 본다고 하면 가장 많이 떠올리는 것이 스마트폰이고, 그 속에는 소셜 미디어가 있습니다. 국가별로 그 이용률을 보면 한국이 89.3% (2021년 1월 기준)로 2등을 차지하고 있습니다. 세계 평균이 53.6%인 것을 감안하면 역시 한국은 IT 강국입니다. 국내 소셜 미디어 순방문자 수 1위는 구글의 유튜브로 3,766만 명이 이용하고 있습니다. 2위는 네이버의 밴드 1,965만 명, 3위는 메타•의 인스타그램 1,885만 명입니다(2021년 4월 기준). 유튜브, 밴드, 인스타그램은 기업 입장에서 맞춤 광고를 할

> **메타(Meta Platforms, Inc.)**
>
> 메타는 미국 캘리포니아주 멘로파크에 본사를 둔 정보기술 대기업이다. 세계 5대 정보통신기술 기업인 빅테크 중 하나로 페이스북(Facebook Inc.)에서 현재의 사명으로 변경했다. 이는 메타버스 육성을 신사업의 주요 목표로 하겠다는 의지가 반영된 것이다.

수 있는 소중한 마케팅 공간입니다. 더불어 소비자 입장에서는 재밌는 볼거리와 나의 일상을 공유할 수 있는 생활의 일부가 됩니다.

이들은 서로 이해관계가 어우러져 시간과 돈이 교환되는 플랫폼으로 운영자가 개입하는 형태가 아닙니다. 공급자와 소비자를 연결해주는 포맷을 갖고 있습니다. 저 또한 유튜브에서 '수페TV'를 운영하고 있으며, 미국 주식과 ETF 투자에 대한 다양한 정보를 공유하고 있습니다. '수페TV' 유튜브의 총 시청시간을 보면 151만 시간이 넘었으며, 이를 햇수로 환산하면 172년이 됩니다. (누군가의 141만 시간이 수페TV 채널에서 소비됐다고 생각하니 책임의 무게가 더 크게 다가오네요) 사람들이 콘텐츠를 보면서 소비하는 시간은 계속 늘어나고 있으니, 소비자가 아닌 공급자 혹은 투자자로서 이런 추세에 부합하는 기업에 관심을 가져야 합니다.

두 번째는 '여행하는 시간'입니다. 사람들이 여가가 생기면 가장 먼저 떠올리는 것이 여행입니다. 2013년 〈꽃보다 할배〉라는 어르신들의 유럽 여행을 담은 예능 프로그램이 있었습니다. 이 프로그램은 당시 유럽 여행은 젊은 사람들만 가는 것이라고 생각하던 많은 사람의 고정관념을 깼습니다. 그 뒤로 중장년의 해외여행이 유행하기 시작됐고, 코로나19 발생 전만 하더라도 이런 수요는 계속 증가하는 추세였습니다. 코로나19로 잠시 주춤했지만, 한 번 맛본 해외여행의 경험은 다시 비행기를 탈 수밖에 없게 만들었고, 수요는 또다시 증가하기 시작했습니다.

최근에는 티켓 가격이 계속 오름에도 불구하고, 여행에 목이 마른 사람들은 너도나도 비행기 표를 예약하고 숙박업체를 찾고 있습니다. 이에 힘입어 2022년 7월 델타항공은 보잉의 737 맥스 10을 100대 주문했고, 숙박업계에 혁신을 불러일으킨 에어비앤비 또한 예약이 활발히 진행되고 있습니다. 여행하는 시간이 늘어날수록 관련 업종은 꾸준히 사랑받을 산업으로 자리 잡을 것입니다.

세 번째는 '나를 가꾸는 시간'입니다. 여가 시간이 많아지면, 당연히 나를 돌아보는 시간이 많아집니다. 보통 자신을 가꾼다고 이야기하면 몸으로 하는 등산, 헬스, 요가, 골프, 사이클 등을 떠올리고,

마음으로 하는 명상, 산책, 독서, 심리치료 등을 생각합니다. 산업으로 확장해 한 가지 예를 들면 몸을 가꿀 때 입는 옷의 영향으로 패션 산업 중에서 스포츠 브랜드가 유독 인기를 끌고 있습니다. 레깅스, 골프웨어, 테니스복 등 운동복에 대한 사람들의 수요가 증가했죠.

대표적인 기업으로 룰루레몬*이 있 습니다. 레깅스의 혁명이라 불리는 룰루레몬은 사람들이 운동할 때가 아닌 일상생활에서도 패셔너블한 레깅스를 입게 만들었습니다. 이제

> **룰루레몬(Lululemon)**
>
> 캐나다 밴쿠버에서 탄생한 루 룰루레몬은 요가에서 영감을 받 은 프리미엄 스포츠웨어 브랜 드다.

우리 주변에서도 레깅스를 입고 등산하거나 조깅하는 이들을 쉽게 발견할 수 있습니다.

마음에 대한 이야기를 해보면, 우리나라에는 상대적으로 우울 증에 걸린 환자가 많다고 합니다. 2016년부터 꾸준히 증가해서 2020 년에는 100만 명이 넘었습니다. 연령대를 보면 20대와 60대가 가장 많았고, 성별로는 여성이 66%로 높았습니다. 즉 20대 혹은 60대 여 성이 우울증으로 힘들어하고 있다는 이야기입니다. 마음치료 목적 으로 정신과 상담도 많이 받고 있으며 TV 프로그램으로도 심리치 료 관련된 콘텐츠가 증가하고 있습니다. 추가로 반려동물을 대안 으로 찾는 사람들도 늘어나고 있습니다. 대표적인 반려동물로는 개

와 고양이가 있으며, 최근에는 새와 물고기를 집 안에 들이는 사람들도 늘어나는 추세입니다. 동물훈련사 강형욱 님의 인기를 보면 알 수 있듯 반려동물에 대한 사람들의 관심은 점점 늘고 있습니다. 한국의 반려동물 연관 산업은 한국예탁결제원에서 발표한 반려동물 시장 규모로 살펴보면 2017년 약 2조원 규모였던 시장이 2021년 4조 1,739억 원으로 증가할 것으로 전망하고 있으며, 2027년이 되면 6조 원이 넘을 것으로 판단하고 있습니다. 상당히 큰 시장이 형성되고 있으며, 산업 분야로는 사료와 간식과 같은 식품이 가장 높은 비중을 차지하고 있습니다. 치료 목적이 아니어도 반려동물을 사랑하는 사람들이 많아지고, 반려동물과 관련된 음식과 용품, 의료, 서비스 등 다양한 사업으로 확장되고 있습니다.

네 번째는 '투자하는 시간'입니다. 여가를 여유롭게 즐기기 위해 필요한 것 중 하나로 돈이 빠질 수 없습니다. 여가 시간이 증가할수록 투자 또한 잘 돼야 아름다운 삶을 이어갈 수 있기 때문입니다. 노후를 안전하게 준비하려는 투자자가 증가하고 있으며 퇴직연금과 연금저축을 활용하는 사람들이 증가하고 있습니다. 이에 ETF 또한 함께 사랑받고 있으며, ETF 운용사는 개인 투자자 입맛에 맞는 다양한 ETF를 내놓는 상황입니다. 꼭 돈으로 하는 투자가 아니어도 다른 투자를 자기 자신에게 하는 사람들이 있습니다. 자신을 발전시키기 위한 자격증 취득, 전문가의 자리에 이를 만한 취미, 지식을 넓히는 독서 모임 등이 늘고 있죠.

이런 모임들은 최근 온·오프라인으로 활발히 진행 중입니다. 온라인으로는 클래스101, 크몽, 탈잉, 숨고 등 다양한 플랫폼에서 배움에 대한 갈증을 해소할 수 있고, 오프라인으로는 '트레바리'와 같은 독서모임을 비롯해 원데이 클래스와 소모임 등 직접 만나서 체험하는 경우가 많습니다. 이렇듯 다양한 배움의 장이 열리고 있으며, 나이와 성별에 상관없이 수요와 공급이 존재합니다.

마지막 다섯 번째는 '휴식 시간'입니다. 요즘 집 앞을 나와 몇 걸음 걷지 않아도 바로 카페를 발견할 수 있죠. 그만큼 우리에게 휴식 공간이 가깝게 자리 잡고 있으며, 누구나 이용할 수 있게 됐습니다. 이런 휴식 공간이 자리 잡을 수 있게 해준 1등 공신은 커피입니다. 10년 전 저는 커피를 돈 주고 마시는 사람이 아니었습니다. 밥값과 동일한 금액으로 커피를 마신다는 것은 사치라고 생각했죠. 그런데 10년 만에 매일 커피를 마시는 사람이 됐습니다. 이제 하루 1잔은 기본이고, 2잔 이상을 마시는 경우도 종종 있습니다. 현대경제연구원에서 조사한 국내 1인당 커피 소비량을 보면 2015년 1인당 1년 동안 291잔을 마셨는데, 2018년 353잔으로 증가했습니다. 커피를 마시지 않던 사람들이 한 달에 한두 잔씩 마시기 시작했고, 얼마 지나지 않아 하루에 한두 잔을 마시게 된 것입니다. 이러한 커피가 지하 다방에서 지상에 있는 카페로 올라오는 데는 사실 꽤 오랜 시간이 걸렸습니다. 하지만 이제 도로(드라이브스루)와 골목까지 침범한 배달이 활발해지면서 커피 시장은 여전히 지칠 줄 모르고 성장하고 있습니다.

지금까지 커피 소비와 한국 시장을 이야기했는데 주변을 돌아보면 더 놀라운 일이 벌어지고 있는 것을 알 수 있습니다. 한국보다 28배 인구가 많은 중국에서 커피를 마시기 시작했습니다. 중국에서는 과연 커피로 인해 어떤 일이 벌어지고 있을까요? 중국은 차를 마시는 문화가 있기 때문에 더욱 빠르게 커피시장이 확산될 것입니다. 그래서 스타벅스는 중국을 장악하기 위해 부단히 노력하고 있습니다. 커피를 중심으로 휴식 공간을 제공하는 스타벅스는 누구나 편하게 공간을 즐길 수 있게 해주는 고마운 기업이 아닌가 싶습니다.

추가로 집 안에서의 휴식을 도와주는 것들은 뭐가 있을까요? 다도 세트, 안마의자, 반신욕기, 리클라이너 등 집에서 편하게 휴식을 취하기 위한 아이템도 다양해지고 있습니다. 당연히 이 또한 수요가 있기에 제품들이 다양해지고 있는 것이죠. 이제 안마의자가 있는 거실은 주말드라마에 빠지지 않고 등장할 만큼 자연스러운 풍경이 됐습니다. 국내 대표적인 기업으로 바디프랜드, 코지마, 휴테크 등이 있습니다. 그 외에 집을 나만의 공간으로 꾸미기 위해 인테리어를 하는 사람들도 많으며, 다양한 방법으로 확장되고 있습니다. 결국 우리의 휴식 시간을 누가 쟁취하게 될지가 중요합니다. 그리고 그 선택 또한 우리가 하는 것이니 투자 대가 피터 린치처럼 주변을 둘러보는 투자 시야를 갖는 것이 좋습니다.

여기까지 투자자의 관점에서 바라본 여가 시간에 대해 5가지로 나눠서 살펴봤습니다. 내 시간을 훔쳐가는 기업부터 우리의 여가 시간이 머물러 있는 공간까지 다양한 관점으로 보면 투자의 기회는 언제나 존재합니다. 메가트렌드(장기적인 관점으로 세계적으로 영향을 미치는 트렌드)에 해당하는 여가 시간에 대한 관점은 쉽게 바뀌지 않습니다. 오늘내일 급하게 생각하지 말고 천천히 그리고 깊이 있는 고찰과 장기적인 투자 관점으로 바라봐야 합니다.

- 보면서 소비하는 시간: 유튜브, 인스타그램, 넷플릭스, 네이버, 카카오
- 여행하는 시간: 델타항공, 사우스웨스트항공, 에어비앤비, 부킹닷컴, 익스피디아
- 나를 가꾸는 시간: 나이키, 아디다스, 룰루레몬

— 투자하는 시간: 클래스101, 크몽, 탈잉

— 휴식 시간: 스타벅스, 바디프랜드, 캠핑월드홀딩스

메가트렌드라고 할 수 있는 3가지 변화(인구 변화, 기후 변화, 노동의 변화)를 살펴봤습니다. 현재 시가총액 상위를 차지하고 있는 기업도 있지만, 그렇지 못한 기업도 포함되어 있습니다. 테슬라가 3년 전 고된 시련을 이겨내 세계 시가총액 톱10 기업에 올랐듯이 지금 언급한 기업 중 유니콘기업(기업가치 10억 달러 이상의 벤처기업)을 넘어 헥토콘기업(기업가치 1,000억 달러 이상의 벤처기업)이 탄생할지 모르는 일이니 끊임없는 관심과 분석이 필요합니다. 성장기업에 투자한다는 것은 다양한 예측과 미래의 청사진을 그려가며 자기가 예상한 것이 현실이 되어가는지를 살펴보는 과정입니다. 리스크가 높은 만큼 수익도 크게 다가오는 투자죠. 변동성이 큰 만큼 비중조절 또한 중요하며, 한 기업에 최대 10% 넘게 투자하지 않는 것이 좋습니다. 포트폴리오를 구성하는 전체 비중에 대한 이야기는 뒤에서 자세히 다룰 것입니다. 지금은 한 기업을 10% 이상 가져가지 않아야 한다는 것만 말씀드립니다.

왕족주와 귀족주
배당주의 함정

배당은 기업에서 발생한 이익을 주주에게 배분해주는 것으로 얼마나 기업이 주주에게 관심을 갖고 있느냐가 중요합니다. 국내에서 배당을 주는 기업은 총 1,094개입니다. 그중에 분기 배당을 지급하는 기업은 63개, 코스피 상장된 기업으로 보면 46개밖에 되지 않습니다. 미국에서 분기 배당을 지급하는 기업은 수천 개가 넘고, 25년 이상 배당을 늘려온 기업은 65개가 있습니다. 주주친화적인 기업으로 보면 미국만큼 성숙한 회사가 많은 국가도 드뭅니다. 그래서 배당주 하면 미국 기업을 찾는 것이죠. 삼성전자 같이 튼튼하고 건강한 기업이 많은 곳이 미국입니다. 그렇다면 미국 배당기업을 조금 더 자세히 살펴보겠습니다.

미국에서 배당주라고 이야기하면 왕족주와 귀족주를 빼놓을 수 없습니다. 왕족주는 미국의 모든 기업 중에 배당을 50년 이상 늘려 온 회사로써 현재 44개 기업이 있습니다. 귀족주는 S&P500에 포함된 기업 중 25년 이상 배당을 늘려온 회사로 현재 65개 기업이 있습니다. 사람들이 종종 왕족주와 귀족주를 양분해서 생각하는 오류를 범하는데, 이 둘에는 겹치는 기업이 존재합니다. S&P500에 포함되면서 50년 이상 배당을 늘려온 기업은 왕족주인 동시에 귀족주이기 때문입니다. 총 24개 기업이 중복되며, 대표적인 기업으로 P&G, 존슨앤존슨, 3M, 코카콜라, 로우스 등이 있습니다. 이렇게 중복되는 기업은 우량기업이면서 배당을 꾸준히 늘려온 회사이니 알아두면

미국의 배당 왕족주와 귀족주 중복 기업

순번	티커	종목명	순번	티커	종목명
1	DOV	도버	13	SWK	스탠리 블랙 & 데커
2	PG	프록터 & 갬블	14	FRT	페더럴 리얼티
3	GPC	제뉴인 파츠	15	SYY	시스코
4	EMR	에머슨 일렉트릭	16	TGT	타겟
5	MMM	3M	17	GWW	WW그레인져
6	CINF	신시내티 파이낸셜	18	LEG	레겟 & 플랫
7	LOW	로우스 컴퍼니	19	ABBV	애브비
8	JNJ	존슨앤존슨	20	BDX	BD
9	CL	콜게이트	21	PEP	펩시코
10	KO	코카콜라	22	ABT	애보트
11	ITW	일리노이 툴 웍스	23	KMB	킴벌리클라크
12	HRL	호멜 푸즈	24	PPG	PPG 인더스트리스

투자에 도움이 될 것입니다. 자세한 내용은 다음 표를 참고하길 바랍니다.

배당기업에 투자할 때 가장 조심해야 할 것 2가지가 있습니다. 지금부터 이야기할 2가지 함정만 피해서 투자를 한다면 배당기업 투자에서 좋은 성적을 이룰 수 있을 것입니다.

첫 번째는 '고배당주의 함정'입니다. 어떤 주식의 배당률이 10%라서 매수했는데, 주가가 30% 하락했다면 이것은 잘한 투자일까요? 주가의 30% 하락은 10% 배당을 3년간 받아야 본전이란 소리입니다. 3년 동안 본전이 목표인 투자는 얼마나 속상한 투자인가요? 배당이 높은 기업은 주가 관리를 안 하는 경우가 있습니다. 그렇기 때문에 투자 전에 꼭 연평균 수익률을 체크해야 합니다. 수익률이 S&P500 평균만큼 잘 나온다면 좋겠지만, 적어도 손해를 보고 있는 기업은 피하는 것이 좋습니다.

혹자는 지금 주가가 낮아진 주식은 저평가되어 있는 것이고, 나중에 반등하면 배당뿐만 아니라 수익도 크게 가져갈 수 있는 것 아니냐는 반문을 합니다. 간혹 그런 기업도 존재할 수도 있겠죠. 그렇다면 당연히 좋은 기회지만 안타깝게도 사막에서 바늘 찾기처럼 어려운 작업입니다. 그렇지 않은 기업이 대부분이고, 주가가 몇 년간 내려가고 있다면 하락하는 이유가 분명히 존재합니다. 그럴 때는 해당 기업이 속해 있는 산업이 하향산업일 수도 있고, 이미 포화상태라서 확장할 수 없는 산업일 수 있습니다. 이런 걸 따져보며 굳이 어려운 길을 선택할 필요 없지 않을까요? 다른 좋은 기업이 많으니 성장하는 산업에 속한 기업으로 눈을 돌리기 바랍니다.

두 번째는 '배당년수의 함정'입니다. 앞에서 배당 왕족주와 귀족주를 이야기하면서 오랫동안 배당을 늘려온 기업이라고 했습니다. 투자자는 관심을 갖고 보자고 말을 했지만, 모두 좋은 기업일 수 없습니다. 배당 왕족주라는 좋은 종이로 포장됐다고, 내면을 안 보는 우를 범해서는 안 됩니다. 만약 1주에 1만 원 하는 기업이 배당을 100년간 100원씩 늘렸다면 어떻게 될까요? 매년 배당성장률이 1% 밖에 되지 않는 것입니다. 물가 상승률이 2%라고 보면 매년 1% 마이너스나 마찬가지입니다. 100년 동안 아무리 배당을 늘렸다고 해도 배당성장률이 낮다면 투자할 만한 가치가 있는지 재검토가 필요합니다.

그렇다면 앞에서 소개한 배당 왕족주이면서 귀족주인 24개 기업은 배당성장률이 어떨까요? 최근 10년간(2012~2021년) 24개 기업의 연평균 배당성장률은 7.1%였습니다. 제일 좋은 성적을 나타낸 기업은 인테리어 관련 산업에 포함된 로우스 컴퍼니(Lowes Companies, LOW)로 최근 10년간 배당성장률이 16.7%였습니다. 가장 나쁜 성적을 기록한 기업은 자동화 솔루션을 제공하는 산업재에 포함된 에머슨 일렉트릭(Emerson Electric, EMR)으로 최근 10년간 배당성장률이 2.3%였습니다. 이는 물가 상승률을 감안하면 수익이 제로에 가까운 수치입니다. 충격적인 사실은 에머슨 일렉트릭은 65년째 배당을 늘려온 기업입니다. 최고 오래된 66년 된 기업 3곳을 제외하면 2위를 차지하고 있는 회사입니다. 그런데 배당 왕족주라고 무조건 이런 기업에 투자해야 할까요? 그렇지 않죠.

이것이 '배당년수의 함정'입니다. 반면에 로우스 컴퍼니를 보면 60년째 배당을 늘려왔음에도 불구하고 최근 10년간 연평균 배당성장률이 16.7%였습니다. 이 이야기는 지금 3% 배당을 받는 경우 10년 뒤 14%가 넘는 배당을 받고, 23년이 지나면 매년 받는 배당이 원금을 넘게 됩니다. 당연히 이런 기업은 왕족주에 있으면서 홈인테리어라는 성장하는 산업에 포함된 기업으로 메가트렌드 3가지 변화에서 언급한 '노동의 변화'에 해당합니다. 미래 또한 유망하기에 투자 매력이 높은 기업입니다. 저도 처음에는 왕족주는 다 좋은 기업인 줄 알았습니다. 그런데 믿었던 왕족주가 배당금이 조금씩 늘고 주가가 하락했습니다. 이유를 알기 위해 기업을 관찰하면서 관련된 산업과 내부사정을 파악하고 나서 함정이 존재한다는 것을 알게 됐습니다. 투자자는 이와 같은 실수를 범하지 않도록 24개 기업의 연평균 배당 성장률을 표로 준비했으니 투자에 도움이 되길 바랍니다.

순번	티커	종목명	섹터	배당연수	연 평균 배당성장률 (2012~2021)
1	DOV	도버	산업	66	8.4%
2	PG	프록터 & 갬블	경기방어	66	4.4%
3	GPC	제뉴인 파츠	경기순환	66	5.1%
4	EMR	에머슨 일렉트릭	산업	65	2.3%
5	MMM	3M	산업	64	9.6%
6	CINF	신시내티 파이낸셜	금융	62	4.5%
7	LOW	로우스 컴퍼니	경기순환	60	16.7%
8	JNJ	존슨앤존슨	헬스케어	60	5.7%
9	CL	콜게이트	경기방어	60	3.9%
10	KO	코카콜라	경기방어	60	5.1%
11	ITW	일리노이 툴 웍스	산업	58	12.3%
12	HRL	호멜 푸즈	경기방어	56	12.6%
13	SWK	스탠리 블랙 & 데커	산업	54	5.2%
14	FRT	페더럴 리얼티	리츠	64	4.1%
15	SYY	시스코	경기방어	52	5.5%
16	TGT	타겟	경기방어	51	9.1%
17	GWW	WW그레인져	산업	51	7.6%
18	LEG	레겟 & 플랫	경기순환	51	3.8%
19	ABBV	애브비	헬스케어	50	14.0%
20	BDX	BD	헬스케어	50	6.2%
21	PEP	펩시코	경기방어	50	7.2%
22	ABT	애보트	헬스케어	50	6.5%
23	KMB	킴벌리클라크	경기방어	50	4.9%
24	PPG	PPG 인더스트리스	원자재	50	6.8%

배당 왕족주와 귀족주 중복 기업의 배당성장률

지금까지 이야기한 '고배당주의 함정'과 '배당년수의 함정'을 피해서 투자를 한다면 건강한 배당기업을 찾을 수 있을 것입니다. 결국 배당기업 투자는 꾸준한 배당금이 발생되는지 그리고 그 현금이 얼마나 빠르게 늘어나는지 2가지만 명심하고 투자하면 됩니다. 여기서 성장주의 개념을 입혀서 주가 상승까지 생각한다면 본질이 흐려질 수 있기 때문에 시세차익으로 발생된 수익은 우선순위에서 후순위로 생각하되 원금 손실이 발생하면 안 되기에 성장성 측면에서 관련 산업의 전망과 점유율은 꾸준히 체크하는 것이 좋습니다.

맞벌이 부부의 월 배당 포트폴리오

•••••

구독자 사연 01
—

32세 맞벌이 부부입니다. 앞으로 8년 열심히 일해서 번 돈으로 투자해서 월 배당 포트폴리오를 만들어 '경제적 자유'를 이루고 싶은데요. 현재 부부 합산 월 소득은 800만 원이고, 매달 400만 원씩 투자할 수 있습니다. 저희가 어떻게 투자하면 좋을까요?

경제적 자유를 꿈꾼다면 누구나 한 번쯤 제주도에서의 생활을 상상해보는 것 같습니다. 그 꿈이 이뤄질 수 있도록 투자전략을 이야기해볼게요. '경제적 자유'라는 단어는 추상적인 말이라 우리가 구체적인 계획을 세우려면 보다 명확한 숫자로 정리가 필요합니다. 구독자분이 40세에 은퇴를 하는 것이 꿈이니, 8년 동안 어떻게 투자하면 매달 배당을 받을 수 있는지 계획을 세워보겠습니다. 우선 부부의 한 달 생활비가 얼마인지 알고 있나요? 매달 나가는 비용을 알아야 그 비용을 평생 충당할 수 있는 삶을 통해 경제적 자유를 얻었다고 할 수 있습니다.

우리나라 가구별 월평균 소비지출을 보면 2인 가구 204만 원, 3인 가구 301만 원, 4인 가구 369만 원입니다. 2인 가구의 월평균 소비지출에서 여유자금 10%를 감안하면, 매달 221만 원의 생활비가 있으면 되겠다는 가정이 생깁니다. 그렇다면 이제 매달 221만 원이 나오는 구조를 8년 동안 만들면 되는데요. 지금의 내용은 가정에 불과하므로 실제 소비하는 것을 3개월 정도 기록하고, 소비패턴이 앞에서 이야기한 221만 원 정도의 소비를 하고 있는지 확인해야 합니다. 그보다 더 적을 수도, 많을 수도 있으니 꼭 자신의 실제 생활이 반영된 소비지출을 기반으로 계획을 세워야 합니다.

　간혹 경제적 자유를 빨리 이루고 싶어서 허리띠를 졸라매고 소비를 최소화하려는 분들이 있습니다. 하지만 그렇게 소비를 줄여 생활하는 것은 경제적 자유가 아닌 평생 가난을 자처해서 사는 잘못된 선택이 될 수 있습니다. 낭비되는 소비는 줄이되 자신에게 행복을 안겨주는 소비는 유지하는 형태로 진행하는 것이 좋습니다. 제 경우는 여행을 좋아하기 때문에 매달 30만 원의 여행비용을 따로 책정합니다. 그 비용은 3개월에 한 번 국내여행 또는 1년에 한 번 해외여행을 가는 데 사용하고 있습니다.

　다시 본론으로 돌아와 매달 221만 원의 수익이 들어오는 구조를 만들어야 하는데요. 221만 원의 수익은 지금처럼 노동을 통한 근로소득이 아닌 자본소득이어야 시간에 구애받지 않고 내 삶을 살 수 있겠죠. 자본소득은 가지고 있는 자산으로 발생하는 소득을 말합니다. 대표적으로 부동산에서는 월세가 있고 주식에서는 배당이 있습니다. 월세와 배당 중 어떤 것이 좋을까요? 둘 다 장단점이 있지만 세금적인 측면에서 보면 부동산보다 주식이 더 매력적입니다. 부동산은 처음 구매할 때부터 취·등록세를 내는 단점이 있는 반면에 레버리지가 가능하죠. 그렇기에 월세뿐 아니라 시세차익을 함께 생각한 투자라면 좋을 수 있습니다. 하지만 내 자본금만으로 매달 수익이 발생하는 것이 목적인 투자에서는 주식이 더 괜찮을 수 있겠죠.

주식으로 배당을 받는 방법으로 계획을 세워보겠습니다. 주식으로 매달 221만 원의 배당을 받으려면 어떻게 해야 할까요? 투자금액과 배당률에 따라 매달 받을 수 있는 배당금액이 달라지는데요. 3억 원이 있다면 배당률이 9%는 되어야 225만 원의 배당을 받을 수 있습니다. 아래 표를 보면 투자금액에 따라 필요한 배당률, 즉 우리가 목표로 해야 할 배당률을 알 수 있는데요. 3억 원이면 9%, 5억 원이면 6%, 7억 원이면 4% 정도 됩니다. 그런데 여기에 함정이 하나 숨어 있습니다. 우리가 벌어들이는 모든 소득에는 세금이 붙기 마련이죠. 배당에도 당연히 세금이 붙게 됩니다. 이게 바로 배당소득세인데요. 국내에서 배당주식에 투자한다면 15.4%의 배당소득세를 내야하고, 미국 주식에 투자한다면 15%를 지불해야 합니다. 미국이 0.4%가 더 적죠? 국내에 투자할 경우 배당소득세 14%에 주민세 1.4%가 부과되기 때문입니다.

앞에서 투자금 3억 원의 배당률 9%이면 225만 원으로 해당 목표를 달성할 줄 알았는데, 배당소득세를 감안해서 계산하니 191만 원이 됩니다. 간혹 세금을 생각하지 않고 목표를 설정하는 분들이 계신데요. 꼭 실수령액이 얼마인지 세금까지 챙겨서 확인하고 목표를 확실히 설정하기 바랍니다.

배당소득세까지 포함해 실제로 내 계좌에 들어오는 돈 221만 원을 만들기 위해서는 적어도 4억 원의 8% 배당률 혹은 9억 원의 4% 배당률에 포함이 되어야 합니다. 도전해야 할 금액과 배당률을 알았으니, 이제 앞으로 8년간 어떻게 투자하고

투자금액별 배당률에 따른 배당금액 (세전)

투자금	배당률							
	3.0%	4.0%	5.0%	6.0%	7.0%	8.0%	9.0%	10.0%
1억	25	33	42	50	58	67	75	83
2억	50	67	83	100	117	133	150	167
3억	75	100	125	150	175	200	225	250
4억	100	133	167	200	233	267	300	333
5억	125	167	208	250	292	333	375	417
6억	150	200	250	300	350	400	450	500
7억	175	233	292	350	408	467	525	583
8억	200	267	333	400	467	533	600	667
9억	225	300	375	450	525	600	675	750
10억	250	333	417	500	583	667	750	833

투자금	배당률							
	3.0%	4.0%	5.0%	6.0%	7.0%	8.0%	9.0%	10.0%
1억	21	28	35	43	50	57	64	71
2억	43	57	71	85	99	113	128	142
3억	64	85	106	128	149	170	191	213
4억	85	113	142	170	198	227	255	283
5억	106	142	177	213	248	283	319	354
6억	128	170	213	255	298	340	383	425
7억	149	198	248	298	347	397	446	496
8억	170	227	283	340	397	453	510	567
9억	191	255	319	383	446	510	574	638
10억	213	283	354	425	496	567	638	708

배당금을 늘려 나가야 하는지 알아보겠습니다.

맞벌이 부부 소득이 합쳐서 800만 원이고 절반을 투자할 수 있으니, 매달 400만 원을 8년간 투자하는 것으로 투자 계획을 세워보겠습니다. 여기서 한 가지 더 중요한 팁을 드리면 매년 5~10%씩 투자금을 늘리는 것이 좋습니다. 직장을 다니면 매년 연봉이 올라가죠. 혹은 진급하면 보너스를 받거나 연봉 상승률이 더 높아집니다. 보통 여기서 소비를 늘리지 투자금을 늘리는 사람은 별로 없습니다. 소비를 늘린다면 앞에서 이야기한 지출이 증가하는 것이기에 계산을 다시 해야겠죠? 조금 더 빠르게 경제적 자유를 얻고 싶다면 매년 투자금을 조금이라도 늘리려는 노력이 필요합니다. 지금은 월 400만 원으로 계산해볼게요.

이제 우리가 할 일은 투자할 배당 종목을 찾는 것인데, 어떤 게 좋을까요? 이 부분이 상당히 중요합니다. 안정성을 높이기 위해 세계 1위 국가인 미국에 상장된 기업에서 골라보겠습니다. 8년이란 시간이 있기 때문에 당장 배당률이 높은 종목보다는 지금 배당률이 조금 낮더라도 배당성장률이 괜찮은 종목을 선정하는 것이 좋습니다. 그래야 8년 뒤 혹은 50~60세에도 꾸준히 배당금이 증가해서 경제적으로 더욱 풍요로워질 수 있습니다. 그리고 이는 인플레이션에 대한 방어도 됩니다. 반대로 배당금이 줄거나 노후에 배당이 끊기면 난감한 상황이 되므로, 꼭 이 부분을 가장 중요하게 봐야 합니다.

배당기업을 먼저 살펴보겠습니다. 미국에는 배당을 꾸준히 늘려온 기업 배당 왕족주, 배당 귀족주를 앞에서 살펴봤죠. 따로 부르는 명칭이 있다는 것은 그만큼 인기가 많다는 것이고, 실제로 노후에 배당을 받으며 보내는 사람들이 많습니다. 리스크를 줄이기 위해 S&P500에 포함된 우량한 배당 왕족주와 귀족주를 가지고 선별하겠습니다. 매달 배당을 받을 수 있게 배당월로 기업을 정리하면 아래 표와 같이 A, B, C로 구분할 수 있습니다. 각 군 별로 1개 기업을 선정해볼게요. 기준은 5년간 배당성장률이 5% 이상이며 현재 배당률이 가장 높은 기업을 선택하겠습니다. 기업의 배당성장률이 높다는 것은 그만큼 돈을 잘 벌고 있다는 반증입니다. 성장률은 높으면 높을수록 좋습니다. 하지만 과거의 결과가 미래를 보장하지 않으니 관련된 산업을 면밀히 살펴보고 투자를 고려해야 합니다.

군별로 1개 기업을 선별하면 A군에서는 제뉴인파츠(GPC), B군에서는 애브비(ABBV), C군에서는 펩시코(PEP)입니다. 이렇게 3개 기업에 투자하면 매달 배당받을 수 있는 포트폴리오를 만들 수 있습니다. 추가로 포트폴리오를 구성할 때 투자하는 기업의 섹터가 겹치지 않게 분산하는 것이 좋습니다. 제뉴인파츠는 소비순환재, 애브비는 헬스케어, 펩시코는 필수소비재로 중복되지 않는 것을 알 수 있죠. 간단하게 기업의 배당을 기준으로 정리했는데, 배당률은 주가 변동에 따라 바뀌기 때문에 꼭 투자 시점에 다시 확인해보시기 바랍니다. 추가로 여러분이 공부한 기업이 있거나 투자를 고려한 기업이 있다면 각자의 투자성향에 맞게 포트폴리오를 변경하면 됩니다.

티커	종목명	섹터	구분	배당월	배당년수	현재 배당률	5년 배당 성장률
SYY	시스코	필수소비재	A군	1,4,7,10월	51	2.32%	7.33%
CINF	신시내티	금융			62	2.02%	6.65%
GPC	제뉴인 파츠	소비환재			66	2.79%	5.80%
KMB	킴벌리클라크	필수소비재			50	3.86%	3.64%
LEG	레겟&플랫	소비순환재			50	4.67%	3.13%
FRT	페더럴 리얼티	리츠			54	3.58%	1.77%
KO	코카콜라	필수소비재		4,7,10,12	60	2.86%	3.53%
ABBV	애브비	헬스케어	B군	2,5,8,11월	50	3.50%	17.11%
ABT	애보트	헬스케어			50	1.58%	12.14%
HRL	호멜 푸즈	필수소비재			56	2.05%	8.87%
PG	P&G	필수소비재			65	2.28%	4.75%
CL	콜게이트	필수소비재			60	2.51%	2.38%
LOW	로우스	소비순환재		2,5,8,11	59	1.50%	17.98%
TGT	타겟	필수소비재	C군	3,6,9,12월	54	1.65%	8.45%
PPG	PPG	원자재			50	1.82%	8.08%
SWK	스탠리 블랙 & 데커	산업			54	2.28%	6.38%
MMM	3M	산업			64	3.96%	4.86%
GWW	WW그레인저	산업			50	1.28%	4.82%
JNJ	존슨앤존슨	헬스케어			59	2.40%	4.76%
BDX	벡톤디킨슨	헬스케어			50	1.31%	3.57%
DOW	도버	산업			66	1.26%	2.59%
EMR	에머슨	산업			65	2.09%	1.42%
PEP	펩시코	필수소비재		1,3,6,9	50	2.60%	5.96%

　기업을 선정했으니 이제 매달 400만 원씩 8년간 투자하면 어떤 결과가 나오는지 봐야겠죠. 과거 데이터를 기준으로 시뮬레이션을 돌려보겠습니다. 필요한 데이터가 3개인데요. 기준이 되는 현재 배당률과 앞으로 8년간 주가와 배당금의 상승을 예측할 수 있는 주가성장률, 배당성장률입니다. 과거 5년을 기준으로 평균값을 가지고 왔으며 3개 기업의 현재 배당률 평균이 2.96%입니다. 5년 배당성장률은 9.62%, 5년 주가성장률은 12.62%입니다. 매달 400만 원씩 8년 투자하면 원금만 3억 8,400만 원이 되는데요. 8년이란 시간을 인내한 결과는 달콤한 수익으로 보상받게 되는데, 놀라지 마세요!

총자산은 7억 7,947원이 됩니다. 배당금의 경우 1년 차에는 매달 11만 8,400원 받았죠. 그런데 만 8년이 지나면 172만 2,595원을 받게 됩니다. 우리가 원했던 금액보다 조금 부족하지만 10년 차가 되면 원했던 금액을 달성할 수 있습니다. 여기서 우린 2가지 선택을 할 수 있습니다.

　　첫 번째는 불어난 자산 중에 일부는 배당을 더 많이 주는 기업으로 변경하는 방법이 있습니다. 배당 왕족주에 해당하는 기업 중 알트리아(MO)라는 기업은 배당이 무려 7%입니다. 3억 원을 여기에 넣으면 분기마다 446만 원(월 149만 원)의 배당을 받을 수 있습니다. 은퇴 시기에 도달하면 배당성장률이 높은 기업도 중요하지만, 현재 내게 배당을 많이 주는 기업을 선택해야 하는 상황이 발생합니다. 이렇게 각 상황에 맞게 투자 전략을 변경하는 방법을 생각해볼 수 있습니다.

　　두 번째는 조금 더 시간을 두고 투자기간을 늘리는 방법입니다. 8년을 투자하면서 복리의 마법을 경험했고, 앞으로 1년, 2년 투자기간이 길어질수록 자산은 눈덩이처럼 커질 것입니다. 100세 시대를 생각하면 지금의 몇 년은 더 투자를 해도 좋을 수 있습니다.

2가지 선택지 모두 좋은 선택일 수 있지만, 무엇보다 중요한 것은 자신이 옳다고 생각하는 것이 무엇인지 진지하게 생각해보는 일입니다. 과거 수익률로 계산했고, 독자님이 읽고 있는 시점에서 배당률이 또 달라져 있기 때문에 위에서 선택한 기업을 무조건 따라하는 것은 좋지 않습니다. 배당주 투자 전략에 대한 이야기니 내가 투자할 시점에 어떤 기업이 배당률이 매력적이고 투자가치가 있는지 확인해 적용해보시기 바랍니다. 그렇다면 더 좋은 선택지들이 나타나겠죠. 처음이 어렵지 꾸준히 투자를 해보면 자기가 가야 할 길과 방향을 잡을 수 있습니다. 그러니 두려워하기보다 현명하게 투자하는 방법을 익히고, 꾸준히 장기 투자하는 습관을 가지도록 노력해보길 바랍니다. 질문을 주신 구독자님은 물론 이 책을 펼친 독자님 모두 8년 뒤 원하던 경제적 자유를 이루시고, 제게 확인 메일 한 통 보내주세요!

리츠 : 산업용, 5G 통신, 데이터 센터, 물류 인프라

일반적으로 리츠(Reits)기업이란 오피스텔 혹은 상가 임대를 통한 월세를 받는 구조로 생각하기 쉽습니다. 하지만 우리가 생각하는 것보다 훨씬 많은 종류의 리츠가 존재하며 미국에서 리츠투자는 크게 2가지로 나눠 이야기할 수 있습니다. 총리스(Gross Lease)와 순리스(Net Lease)인데, 쉽게 이야기하면 누구에게 책임이 있느냐에 따라 구분합니다.

건물주에게 수리, 유지, 관리, 보유세, 보험료 등에 대한 모든 책임이 전가되는 것이 총리스입니다. 반대로 건물을 사용하는 임차인에게 모든 책임이 부가되는 것은 순리스입니다. 건물주 입장에서는 순리스를 활용하는 것이 좋겠죠? 그래서 미국에서 상업용 부동산의 경우에는 순리스 구조인 경우가 일반적입니다. 한국에서는 대부분 건물주가 책임지는 경우가 많아 혼란스러울 수 있지만, 미국 리츠에 투자하는 우리 입장에서는 순리스가 상당한 매력입니다.

순리스 구조를 갖는 리츠를 살펴보면 편의점, 마트, 약국, 헬스케어, 영화관 등이 있으며, 기업으로는 리얼티인컴(O), 내셔널 리테일 프로퍼티즈(NNN), 스피릿 리얼티 캐피털(SRC), 베리츠(VER), WP케어리(WPC) 등이 있습니다. 모든 책임을 임차인에게 전가하기 때문에 단순한 구조를 갖는 리츠 모델로 결국 공실률과 월세를 점검하는 수준이고, 추가로 빠르게 자금을 조달해서 또 다른 자산을 매입해 늘리는 것에 포커스가 맞춰져 있습니다.

리얼티인컴의 행보를 보면 2021년 말에 베리츠를 인수합병하면서 몸집을 키웠습니다. 1998년부터 현재까지 S&P500 리츠기업 평균 공실률은 6%인 것에 반해, 리얼티인컴은 1.8%로 높은 입주율을 자랑하고 있습니다. 월 배당을 지급하는 기업으로 한국에서도 인기 있는 기업이며, 25년 이상 배당을 늘려온 배당 귀족주에 해당됩니다. 다음으로 최근에 관심이 몰리기 시작한 리츠기업의 3가지 분야를 보겠습니다. 리츠산업의 변화를 읽고 투자에 참고하기 바랍니다.

첫 번째는 인터넷 속도를 결정짓는 '5G 통신' 분야입니다. 통신 속도를 구분하는 기준으로 'Generation'의 약자인 G를 사용합니다. 1세대, 2세대라고 이야기하듯 1G, 2G로 표현하고 현재 5G까지 성장했습니다. 4G부터 실시간 동영상 시청이 가능해졌고, 우리가 알고 있는 스트리밍이 이때부터 확산되기 시작했습니다.

5G는 현재 보급되고 있으며, 가상현실과 사물인터넷 분야로의 확대가 예상됩니다. 앞으로 메타버스 시대가 열린다면 더욱 빠르고 안정적인 통신 속도가 필요할 것이고, 이런 통신의 발전에는 통신타워 관련 리츠기업이 함께 성장하게 됩니다. 통신타워 관련 대표 기업으로 아메리칸타워(AMT)가 있으며, 19개 국가에 통신 셀타워 18만 개를 보유하고 있습니다. 임차인으로 AT&T와 버라이즌이 있으며, 통신 인프라로 독보적인 지위를 갖고 있는 회사입니다. 5G에 특화된 스몰셀 임대 기업으로는 크라운 캐슬 인터내셔널(CCI)이 있습니다. 미국에 통신타워 4만 개를 임대해주고 있는 회사입니다. 앞으로 6G, 7G 등 통신 분야는 꾸준히 발전할 것이고, 통신타워 기업 또한 4차 산업혁명에 필요한 건물주가 될 것입니다.

두 번째는 많은 양의 정보를 담을 수 있는 '데이터센터' 분야입니다. 데이터센터는 다양한 분야에서 필요로 하는 산업으로 정보를 처리하고 저장해주는 역할을 합니다. 예를 들어 자율주행차량이 도로를 달리며 각종 센서로 수집되고 실시간으로 처리되는 정보량은 어마어마합니다. 사고 위험이 감지되면 자율주행차량은 정확한 판단으로 사람의 생명을 구할 수 있어야 하죠. 짧은 시간 안에 각종 정보를 어떻게 처리하느냐가 사람의 생사를 결정하는 중요한 역할을 합니다.

데이터센터는 4차 산업혁명에 없어서는 안 되는 새로운 건물주로 등장했습니다. 관련된 기업 2개를 살펴보겠습니다. 에퀴닉스(EQIX)는 미국(45%), 유럽(30%), 아시아(20%) 등으로 글로벌하게 분산된 데이터센터를 가진 기업입니다. 데이터센터를 200개 이상 보유하고 있으며, 미래 가상세계의 건물주라고 할 수 있습니다. 디지털리얼티(DLR)도 데이터센터를 임대해주는 기업으로 260개 이상의 센터를 보유하고 있습니다. 대표적인 임차인으로 메타, 오라클, IBM 등이 있으며 우량기업으로부터 월세를 안전하게 받고 있습니다.

세 번째는 전자상거래의 오프라인 거점 '물류 인프라' 분야입니다. 코로나19 이후 오프라인으로 소비하던 것 중에 온라인으로 이동한 것들이 많아졌습니다. 보스턴컨설팅그룹이 조사한 한국 유통 시장 전망에서 2024년이 되면 e커머스 시장이 오프라인 시장을 역전할 것이라고 예측했습니다. 이제 자동차도 온라인으로 구매하는 시대가 열렸습니다. 테슬라는 진즉에 온라인으로 차량을 판매했고, 볼보는 2021년부터 온라인 차량 판매를 시작했죠. 벤츠는 2025년까지 온라인 판매 비중을 25%로 확대하겠다고 밝혔습니다.

여기서 우리가 인사이트를 얻어야 할 것은 판매가 온라인으로 이동하더라도 결국 오프라인으로 물건이 이동해야 합니다. 그렇기 때문에 물류 인프라는 필연적으로 있어야 한다는 것이죠. 오프라인 쇼핑센터가 줄어들면 반대로 물류센터는 더욱 확장될 수밖에 없다는 이야기입니다. 이와 관련된 리츠기업 2개를 살펴보겠습니다.

프로로지스(PLD)는 19개 국가에 4,000개가 넘는 물류센터를 가지고 있는 회사입니다. 대표적인 임차인으로는 아마존, DHL, 홈디포 등이 있으며, 대기업으로부터 월세를 받는 안정적인 구조를 가진 물류 인프라 1위 기업입니다. 아메리콜드(COLD)는 냉동물류 대표 기업으로 글로벌 냉동창고 178개를 보유하고 있습니다. 미국 냉동물류의 27%를 차지하는 점유율 높은 기업입니다. 뭐든지 배송하는 시대에 신선식품 또한 예외일 수 없으며 배송 속도가 빨라질수록 수요는 계속 증가할 것입니다.

리츠라는 하나의 주제만으로도 책이 한 권 나올 정도로 다양한 산업이 공존하는 산업입니다. 그중에 미래 먹거리에 해당하는 3가지 유망 분야를 소개했습니다. 추가로 2개만 더 살펴보면 첫 번째는 우리가 살고 생활하는 주거용 리츠도 존재합니다. 대표적인 기업으로 페더럴 리얼티(FRT)가 있습니다. 미국 리츠회사 중 오래된 기업 중 하나로 50년 이상 배당을 늘려온 왕족주에 해당합니다. 두 번째는 초고령화에 접어들면서 발전하고 있는 실버산업 리츠입니다. 의학기술이 발전하고 사람들이 건강한 삶을 추구하다 보니 수명이 점점 늘고 있습니다. 이제 60대는 노인정에서 젊은이로 불린다고 하니 말 다한 것 아닌가요?

노령인구가 많아지면서 복지시설 또한 발전하고 있는데, 노인 주거시설, 생활보조 및 의료시설과 요양원 등 실버산업에서 리츠 분야가 한몫하고 있죠. 대표적인 기업으로 웰타워(WELL), 오메가헬스케어(OHI)가 있습니다. 웰타워는 미국, 캐나다, 영국을 중심으로 약 1,600개 이상 헬스케어 및 의료시설 임대사업을 영위하고 있습니다. 대부분의 수익은 미국에서 발생합니다. 오메가헬스케어는 미국과 영국에서 약 900개 이상의 노인요양시설 임대사업을 하고 있습니다. 이 기업은 특히 고급 시설로 유명합니다. 이 외에도 다양한 분야의 리츠기업이 있으며 대표기업은 표로 정리했으니 참고하세요.

리츠 분야	기업명
상업용 리츠	리얼티인컴(O), 내셔널리테일프로퍼티즈(NNN)
주거용 리츠	아발론베이(AVB), 페더럴 리얼티(FRT)
통신인프라	아메리칸타워(AMT), 크라운 캐슬 인터내셔널(CCI)
데이터센터	에퀴닉스(EQIX), 디지털리얼티(DLR)
물류 인프라	프롤로지스(PLD), 아메리콜드(COLD)
요양원, 실버 리츠	웰타워(WELL), 오메가헬스케어(OHI)
병원 리츠	메디컬 프로퍼티즈(MPW), 피지션스 리얼티(DOC)

월세 받는 집주인의 주식 투자

●●●●●

구독자 사연 02

—

그동안 안정적인 투자를 하고 싶어 예금 위주로 자산을 지켜왔는데요. 인플레이션으로 왠지 손해를 보는 것 같고, 이율도 좋지 않아 예금보다 좋은 투자처를 찾았습니다. 부동산 월세 받는 투자를 5년 전부터 시작해서 지금까지 꾸준히 돈이 들어오고 있습니다. 대출 이자를 제외하고 월세 이율은 부동산에 따라 조금씩 다르지만 평균 3~5% 정도 됩니다. 이제 주식 투자를 통해 배당을 받아보고 싶어 이렇게 문의드리게 됐습니다. 부동산 월세와 주식 배당 둘 다 경험해보고, 노후에 더 안정적인 투자로 자산의 비중을 높이고 싶은데요. 괜찮은 배당기업 소개 부탁드립니다.

주식 투자를 통해 배당을 받아보면 어떤 것이 더 자신에게 맞는 투자인지 선택이 더 편해질 텐데요. 비교하기 좋은 종목으로 설명을 해보겠습니다. 우리가 직접 임장해서 주변 환경을 고려하고 시세를 파악한 후 부동산을 매수하죠. 이와 동일하게 기업에서도 이런 작업을 진행하고 수익을 내는 모델로 리츠기업이 있습니다. 현재 투자하고 있는 월세와 리츠기업의 배당을 비교해보면 주식과 부동산의 세금 차이와 수익 구조를 보면서 내 노후를 더 안전하게 만들어줄 투자가 무엇인지 답을 찾을 수 있을 것입니다.

안정적인 리츠기업을 선정하기 위해 배당 왕족주와 귀족주 중에서 리츠기업이 있는지 살펴보겠습니다. 왕족주에서는 54년째 배당을 늘려온 페더럴 리얼티가 눈에 띕니다. 왕족주에서 유일한 리츠기업으로 오래된 리츠회사 중 하나죠. 페더럴리얼티는 보스턴과 뉴욕, 필라델피아, 시카고, 마이애미, 실리콘밸리 등 입지 좋은 9개 주요 지역을 중심으로 식료품 쇼핑센터부터 대규모 다목적 지역까지 고품질 소매자산의 소유권, 운영 및 개발에 중점을 두고 있습니다.

귀족주에서는 28년째 배당을 늘려온 리얼티인컴이 있습니다. 이 기업은 월 배당 리츠기업으로 국내에서 알려진 기업으로 실제 투자하는 개인들도 많습니다. 페더럴 리얼티 와 리얼티인컴 둘 중에 배당률, 주가, 배당성장률을 고려했을 때 더 매력적인 기업은 리얼티인컴입니다. 리얼티인컴은 현재 4%대 배당을 주고 있으며, 실제 투자하고 계신 오피스텔과도 비슷한 수준 혹은 조금 더 높은 배당률을 보이는 종목입니다. 비교하기 좋은 종목이 되겠네요.

투자하기 앞서서 리얼티인컴이 어떤 회사인지 알아야겠죠? 리얼티인컴 홈페이지에서 첫 화면에 보이는 숫자를 몇 개 말씀드려보면 1994년부터 연평균 수익률 15.3%(배당 포함)를 자랑하고 있습니다. 월 배당 지급은 662개월째 진행 중이고, 분기별로 연속 배당증가는 98분기째 계속되고 있다고 합니다.

장기임대 고객은 1만 1,280명이 넘으며 클라이언트는 현재 1,090곳이죠. 월 배당을 지급하는 기업답게 당당하게 배당 관련 정보를 표시하고 있습니다. 리얼티인컴의 투자 포인트는 3가지로 나눠서 볼 수 있는데요. ① 높은 입주율, ② 좋은 임차인, ③ 안전적인 월 배당입니다.

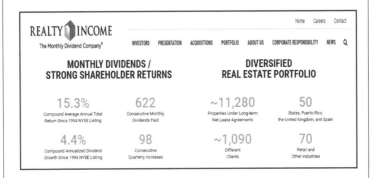

리얼티인컴 홈페이지 화면

하나씩 세부적으로 다시 살펴보겠습니다. 첫 번째 높은 입주율입니다. 리얼티인컴은 언제나 S&P500 리츠기업의 입주율을 웃도는 성적을 자랑합니다. 1998년부터 현재까지 한 번도 평균 이하로 내려간 적이 없으며, 심지어 입주율의 격차가 4% 정도 나고 있습니다. 이는 리얼티인컴의 노하우로 쌓은 결과라고 볼 수 있죠. 2022년 1분기 기준으로 98.2%의 입주율을 보이고 있으며, S&P500 리츠기업 평균은 94.0%입니다. 입주율을 반대로 이야기하면 공실률이 되고 리얼티인컴의 공실은 1.8% 밖에 되지 않는다는 이야기죠. 2008년 리먼 브라더스 사태가 발생했던 시기에도 입주율 97%를 지키며 안정적인 모습을 보였습니다. 또한 코로나19 팬데믹 때도 97.9%로 다른 리츠기업보다 좋은 성적을 거뒀습니다. 이는 앞으로 부동산으로 발생되는 경제위기가 오더라도 안전하게 지켜낼 수 있다는 자신감이 내포된 기업인 것이죠.

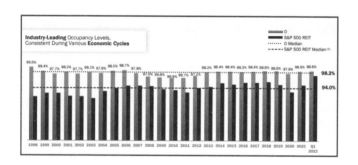

리얼티인컴의 입주율 (홈페이지 자료)

두 번째는 좋은 임차인인데요. 상위 20위권에 들어가는 임차인을 보면 우리가 대부분 알 만한 기업들이 포진하고 있습니다. 월그린, 세븐일레븐, 달러트리, 페덱스, 월마트, 테스코, 홈디포 등이 있죠. 기업(임차인)의 신용 또한 좋은 편에 속하며,

AA~BBB까지 있습니다. 이런 든든한 기업에게서 월세를 받는 리얼티인컴은 더욱 튼실한 배당구조를 가져갈 수 있는 것이죠. 실제 월세 충당 가능 현금을 계산해보면 리얼티인컴은 2.7년간 월세를 받지 않아도 망하지 않고 유지할 수 있는 힘을 갖고 있습니다. 추가로 임대료 만기를 살펴보면 평균 만기가 8.9년으로 장기 계약이 많으며, 2025년까지 임대료 만기 비율이 18.2%밖에 되지 않습니다. 2030년 이후 만기가 절반 정도 차지하고 있으니, 장기적인 관점으로도 투자 매력이 높은 기업입

리얼티인컴의 상위 20위권 임차인 (홈페이지 자료)

Ranking	Client	Number of Leases	Percentage of Total Portfolio Annualized Contractual Rent[1]	Investment Grade Ratings (S&P/Moody's/Fitch)
1	Walgreens	338	4.0%	BBB/Baa2/-
2	7-Eleven	627	3.9	A/Baa2/-
3	Dollar General	1,272	3.9	BBB/Baa2/-
4	Dollar Tree / Family Dollar	1,022	3.5	BBB/Baa2/-
5	FedEx	80	2.9	BBB/Baa2/-
6	LA Fitness	79	2.4	—
7	Sainsbury's	26	2.2	—
8	BJ's Wholesale Clubs	32	1.9	—
9	CVS Pharmacy	183	1.8	BBB/Baa2/-
10	Wal-Mart / Sam's Club	65	1.7	AA/Aa2/AA
11	AMC Theatres	35	1.6	—
12	B&Q (Kingfisher)	25	1.6	BBB/Baa2/BBB
13	Regal Cinemas (Cineworld)	41	1.5	—
14	Red Lobster	201	1.5	—
15	Tesco	16	1.5	BBB-/Baa3/BBB-
16	Tractor Supply	160	1.4	BBB/Baa1/-
17	Lifetime Fitness	16	1.4	—
18	Home Depot	29	1.2	A/A2/A
19	Fas Mart (GPM Investments)	261	1.0	—
20	Circle K (Couche-Tard)	253	1.0	BBB/Baa2/-
	Total	4,761	42.2%	

Weighted Average EBITDAR/Rent Ratio on Retail Properties	2.7x [2]
Median EBITDAR/Rent Ratio on Retail Properties	2.6x [2]

[1] Amounts for each client are calculated independently; therefore, the individual percentages may not sum to the total.

[2] Based on an analysis of the most recently provided information from all retail clients that provide such information. We do not independently verify the information we receive from our retail clients.

니다.

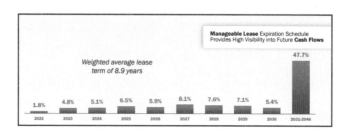

리얼티인컴의 평균 임대 기간 (홈페이지 자료)

세 번째는 안정적인 월 배당인데요. 리얼티인컴의 배당구조를 쉽게 살펴보면, 10%의 월세가 발생하면 이자로 6%를 지급하고 나머지 4%를 배당수익으로 돌려주는 구조입니다. 부동산 월세 투자를 하고 있으니 이런 구조를 알고 계실 텐데요. 여기서 문제는 이자율에 따라 내게 돌아오는 수익이 달라진다는 것이 단점이 되는데, 리얼티인컴은 1996년부터 지금까지 배당수익 4%대 스프레드를 꾸준히 지켜온 사례를 가지고 있습니다. 심지어 배당뿐 아니라 자산 가격 상승과 주가 상승으로인한 시세차익도 발생하는 구조를 가지고 있죠.

3가지 투자 포인트는 리얼티인컴이 매력적인 리츠기업임을 증명해줍니다. 리츠기업에 투자해 배당을 받는 것과 자신이 직

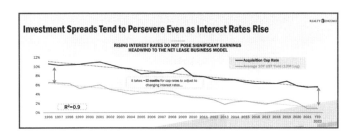

접 오피스텔 투자해 월세를 받는 것 중에 어떤 것이 더 매력적일까요? 구독자님이 부동산에 투자에 경험이 있으니 임장을 하고, 좋은 매물을 선정해 임차인을 들이는 과정이 쉽지 않다는 것을 아실 것입니다. 임차인이 나갈 때 유지·보수하는 것과 임차인의 컴플레인도 집주인이 직접 처리해야 하는데요. 이 또한 쉬운 일이 아닙니다. 하지만 리얼티인컴과 같은 리츠기업에 투자하면 앞에서 이야기한 부수적인 것들은 리츠기업에서 모두 처리해주며 내게는 투자의 대가로 배당금이 지급됩니다. 유지·보수와 임차인 관리 같은 노하우 또한 개인보다 기업이 더욱 우세하며, 특히 이러한 부분이 리얼티인컴의 자랑이기도 합니다. 심지어 대출을 받을 때 신용이 좋은 리츠기업이라면 개인보다 더 저렴한 이율 혹은 더 많은 자산을 대출로 확대할 수 있을 것입니다.

모든 것이 좋아 보이는 리얼티인컴에도 조심해야 할 사항이 존재합니다. 2021년 12월 리얼티인컴은 50번째 M&A를 진행했습니다. 규모를 키워가는 리얼티인컴에게는 당연한 투자라고 생각할 수 있습니다. 하지만 당시 19조 원으로 평가받던 베리트의 인수합병은 그동안의 M&A를 모두 뛰어넘는 규모입니다. 그만큼 이번 M&A가 어떤 결과를 내놓느냐에 따라 리얼티인컴의 새로운 성장 모멘텀이 되느냐, 발목을 잡느냐 갈림길에 서있는 상황입니다. M&A 당시에 리얼티인컴 측에서는 포트폴리오 다각화를 통한 투자 확대와 운용 노하우를 베리트에 적용해 비용을 축소하고, 높은 신용을 활용해 낮은 조달 비용으로 저이율을 활용하겠다는 강한 M&A 포부를 내비쳤습니다. 이러한 결과물로 AFFO(Adjusted Funds From Operations, 조정된 사업운영수익)를 증가시키겠다고 다짐했습니다. 이런 모습들은 자연스럽게 리얼티인컴의 배당 증가로 이어질 것으로 보입니다.

현재까지 상황을 지켜보면 우선, 2022년 1분기 1주당 AFFO는 0.95로 지난해 말 0.86보다 14% 증가했습니다. 매출과 영업현금흐름 또한 증가하고 있습니다. 시너지 효과로 4,500~5,500만 달러를 만들었다고 이야기하고 있습니다. 물

나의 머니 로드

론 M&A를 진행하면 좋은 것만 있는 게 아니라 안 좋은 사항도 있습니다. 그중에 부채가 있죠. 2022년 만기가 돌아오는 기업어음이 증가한 상태고, 다른 부채도 전체적으로 올라갔습니다. 베리트에서 넘어온 자산 중 효율 낮은 오피스 자산은 매각하고 있습니다. 리얼티인컴이 체질 개선을 꾸준히 하고 있지만, 앞으로 어떤 결과가 나올지 계속 모니터링이 필요합니다.

지금까지 리얼티인컴의 명암을 모두 알아봤습니다. 다방면으로 살펴봐도 역시 투자 매력이 높은 리츠기업이죠. 이제 투자하면 실제로 내게 얼마의 수익이 발생하는지 계산을 해보겠습니다. 리얼티인컴의 현재 배당률은 4.31%입니다(2022년 8월 30일 기준.) 코로나19 때 배당률이 최고로 높았을 때는 6.3%까지 올라갔으며, 코로나 직전 2020년 전후에는 3.3%까지 내려갔습니다. 3.3~6.3% 선에서 배당이 움직이며, 평균적으로 4~5% 사이에서 가장 많은 변화를 보입니다. 배당률이 4.5%를 넘으면 투자 매력이 높아지는 기업입니다.

현재 1억 원을 리얼티인컴에 투자하면 배당률 4.31%를 적용해 매달 35만 9,000원을 받게 됩니다. 그런데 이 금액이 온전히 그대로 들어오는 것이 아니라 배당소득세 15%를 제외하고 내 계좌에 입금되는데요. 30만 5,000원이 실제 내 계좌에 들어오게 됩니다. 어쩌면 1억 원을 투자하는데 월 30만 원 정도면 적다는 생각이 들고 차라리 예금에 넣어둘 걸 그랬다고 생각할 수도 있습니다. 그렇지만 우리가 이 종목을 선택한 이유는 배당을 꾸준히 늘릴 계획이 있었기 때문이죠. 과거 배당성장률을 적용해보면 10년 뒤 월 배당은 43만 원, 20년 뒤 67만 원, 30년 뒤 102만 원까지 증가합니다. 이는 1억 원 이외에 추가 납입을 하지 않아도 배당금이 증가하면서 발생되는 금액인데요. 여기서 추가로 돈을 더 넣는다면 더 많은 월 배당을 받을 수 있겠죠? 구독자님이 3억 원을 가지고 투자한다고 하셨으니, 지금 계산한 것을 3배로 적용할 수 있습니다. 현재 월 배당으로 91만 5,000원을 받을 수 있으며 10년 뒤면 더 많은 월 배당금을 받게 되며, 주가상승으로 인한 시세차익도 발생합니다. 이것이 예금이 아닌 배당주에 투자해야 하는 이유입니다.

리얼티인컴에 조금 더 재밌게 투자하는 방법을 하나 소개하겠습니다. 월 배당을 주는 기업이니 우리가 매달 내야 하는 월 소비를 대체하는 방법으로 투자하면 더욱 재미있게 투자할 수 있습니다. 예를 들어 1,000만 원을 리얼티인컴에 투자하면 매달 약 3만 원을 배당으로 받게 됩니다. 이것으로 매달 자기개발을 위한 책을 구매하는 데 사용할 수 있겠죠. 3,000만 원을 리얼티인컴에 투자하면 매달 9만 원을 배당으로 받죠. 이는 스타벅스 커피를 약 20잔 마실 수 있는 돈으로 출근길에 스타벅스 커피를 공짜로 마시는 기분을 낼 수 있습니다. 5,000만 원을 리얼티인컴에 투자하면 매달 15만 원을 배당으로 받습니다. 이 정도면 관리비, 휴대폰비 등 매달 내야 하는 공과금을 해결할 수 있을 것입니다. 이렇게 내가 소비하는 것들을 배당금으로 대체해야겠다고 생각하면서, 투자금을 1,000만 원에서 5,000만 원까지 늘리는 재미도 찾을 수 있습니다.

소액으로도 **분산투자**의 효과를 누리는 **ETF**

지금까지 소개한 성장, 배당, 리츠는 모두 기업에 직접 투자하는 방식을 취하고 있습니다. 성장주 중에 한국인이 가장 많이 투자하는 기업은 테슬라로써 1주에 40만 원 정도 합니다. 만약 월급이 300만 원이고, 매달 100만 원씩 적립식으로 분산투자를 고려하는 투자자라면 테슬라에 투자한다는 것은 쉬운 선택이 아닐 것입니다. 이 투자자가 테슬라 1주를 매수하면 40만 원 정도로 이미 투자금의 절반 정도를 하나의 기업에 사용하는 셈입니다. 생각만 해도 위험해 보이지 않습니까? 아무리 좋은 종목이라 할지라도 한 종목에 많은 비중으로 투자하는 것은 현명한 투자가 아닙니다. 그렇다면 월 적립식 투자금액을 100만 원이 아니라 200만 원으로 늘리면 될까요? 월급이

300만 원인데, 200만 원을 매달 투자한다는 것은 비현실적인 조건입니다.

여기서 선택할 수 있는 것은 한 가지입니다. 테슬라에 직접 투자하지 않는 것입니다. 그 대신 ETF로 테슬라에 간접적으로 투자하는 방식을 취하면 됩니다. 예를 들어 나스닥100지수를 추종하는 QQQM ETF에 투자한다고 가정하면 1주에 17만 원이면 충분하고, 100만 원이 있으니 많게는 5주를 매수할 수 있는 금액입니다. QQQM ETF는 미국에서 잘나가는 성장기업 100곳에 투자하는 종목으로 대표적인 투자처는 애플, 테슬라, 마이크로소프트, 구글, 엔비디아 등 우리가 알고 있는 빅테크 기업이 모두 있습니다. 17만 원으로 100개 기업에 분산투자할 수 있는 효과를 누리는 것입니다. 이것이 바로 ETF 투자의 가장 큰 장점이죠.

ETF를 운용하는 곳에서는 투자자에게 맞춰 다양한 상품을 개발합니다. 펀드와 비슷한 모습을 보이고 있지만, 직접 거래를 할 수 있기 때문에 주식처럼 취급되며 펀드보다 수수료가 저렴한 편으로 0.03~0.9% 정도 됩니다(펀드 수수료 약 1~2%). 앞에서 소개한 QQQM ETF는 총보수가 0.15%이고 S&P500지수●를 추종하는 ETF 같은 경우에는 0.03%로 저렴한 보수를 자랑합니다. 그 외에 관리가 필요한 테마형 ETF 같은 경우에는 보수가 상대적으로 높습니다.

미국 주식시장의 역사에 비해 ETF 역사는 오래되지 않았는데 1993년 S&P500지수를 추종하는 SPY ETF를 시작으로 계속 증가하고 있습니다. 현재 미국에는 2,900개가 넘는 ETF가 상장됐고, 지금도 다양한 ETF가 상장하고 있습니다. 한국은 2002년 월드컵과 함께 첫 ETF가 출시됐으며, 코스피200지수를 추종하는 ETF였습니다. 현재 한국에는 610개(2022년 9월 기준)의 ETF가 상장됐습니다. 여기에는 해외 지수 추종 ETF도 포함되어 있으며, 연금저축으로 투자가 가능하기 때문에 많은 투자 상품이 투자자의 사랑을 받고 있습니다.

ETF 상품은 대부분 투자자의 수요로 만들어지는 경우가 많아서 우리가 '이런 것이 있었으면 좋겠다'라고 하는 것들이 대부분 ETF 종목으로 존재합니다. 지수, 성장, 배당, 테마, 섹터, 채권, 원자재 등 종류가 정말 많습니다. 다양한 종목이 있다는 것은 자신의 입맛에 맞게 ETF를 가지고 포트폴리오를 구성할 수 있다는 것이죠. 이로써 우리는 건강한 투자전략을 세울 수 있습니다. 앞에서 소개한 성장, 배당, 리츠기업 모두 ETF 형태로 투자가 가능합니다. 뒤에서 다루겠지만 채권과 원자재 또한 ETF로 투자할 수 있습니다. 지나치게 많은 ETF를 고려하면 오히려 투자에 어려움을 겪을 수 있습니다. 지금부터 우리에게 꼭 필요한 것들만 추려서 5가지를 설명하겠습니다. 투자에 대한 다양한 전략을 수립하는 데 도움이 되길 바랍니다.

① 지수추종 ETF: VOO, QQQM, DIA

워런 버핏은 유언장에 "내 재산의 90%는 인덱스펀드(ETF)에 투자하고 10%는 채권에 투자하라"고 남긴 것으로 유명합니다. 그의 유언장에 보답하듯 실제 S&P500지수를 추종하는 인덱스펀드는 과거 100년간 연평균 11%의 수익률을 보이고 있습니다. 1년에 11%라는 수익률이 대단하지는 않다고 할 수 있습니다. IT 버블, 리먼 브라더스 사태, 코로나19 팬데믹 등 경제위기를 모두 겪으면서 연 평균 수익률이 11%라는 것은 그 어느 전문투자자보다 더 좋은 성적을 이룬 것입니다. 실제로 2022년 상반기 기준으로 5년간 S&P500지수와 기관투자자의 승률을 보면 S&P500지수가 72.7%로 압도적인 승리를 거뒀습니다. 지난 10년간은 S&P500지수가 82.5%로 더 큰 격차를 보였습니다. 이 말은 S&P500지수추종 ETF에 10년간 투자했다면 상위 17.5%에 포함되는 투자자가 되는 것입니다.

기관투자자는 힘들게 종목을 고르고 다양한 방식으로 분산투자를 진행합니다. 반면에 S&P500지수에 투자하는 것은 게으른 투자자처럼 보이지만, 아이러니하게 확실하게 수익을 내는 방법이 됩니다. 투자자라면 대부분 자기가 팔면 오르고 사면 떨어지는 경험을 했을 것입니다. 단순히 지수에 투자했다면 오히려 좋은 성적을 이룰수 있었는데 말입니다. 허무할 수 있지만 기계적으로 미국에 상장된지수추종 ETF에 투자하는 게 현명한 선택이 될 수 있습니다. 정말단순하고 지루해 견디지 못하는 투자자가 많아 역설적으로 어려운투자입니다. 이제 어려운 투자를 할 마음의 준비가 되었습니까? 그렇다면 미국을 대표하는 3가지 지수추종 ETF를 소개하겠습니다.

첫 번째는 계속 언급하고 있는 S&P500지수를 추종하는 ETF로SPY, VOO, IVV, SPLG 4가지가 있습니다. 운용하는 상장사가 다를뿐 4개 모두 S&P500지수를 추종하는 ETF로 주가는 동일하게 움직입니다. S&P500지수는 미국에서 거래되는 모든 기업의 규모, 유동성, 산업 대표성을 감안해 선정한 500개 회사로 구성됐습니다. 시가총액 가중방식으로 몸집이 무거울수록 투자 비중이 높습니다. 현재미국에서 시가총액 1위를 차지하는 기업 애플이 6.9%의 비중을 차지하고 있습니다(2022년 11월 14일 기준). 소개한 4개 ETF 중에 어떤 것이 더 좋은 선택이 될까요?

　동일한 지수를 추종하는 ETF 가운데 하나를 선택해야 할 때 무엇보다 중요한 것은 총보수입니다. 수익률에서 차이가 크지 않으니 수수료를 얼마나 적게 내느냐가 중요한 것이죠. SPY, VOO, IVV, SPLG의 4개 ETF 중에 수수료가 가장 비싼 것은 SPY로 0.09%고, 나머지는 0.03%입니다. 그렇다면 여기서 우리는 SPY ETF가 유명하다고 따라 매수하는 것보다 VOO, IVV, SPLG 중에서 선택하는 것이 좋습니다. 무엇을 선택해도 상관없지만 적립식 투자금액이 적다면 단가가 낮은 SPLG를 선택하면 됩니다. 추가로 S&P500지수를 살펴보면 좋은 것이 미국 전체 시장의 구조를 한눈에 확인할 수 있다는 점입니다.

　섹터 비중을 보면 기술(25%), 헬스케어(14%), 금융(13%), 경기순환(11%), 커뮤니케이션(8%), 산업(8%), 경기방어(7%), 에너지(4%), 유틸리티(3%), 리츠(3%), 원자재(2%)입니다(2022년 8월 30일 기준). 개인 투자자가 애플과 마이크로소프트 같은 기술주의 비중이 높은 이유는 미국 전체 시장 비중에서도 1위를 차지하기 때문에 자연스러운 것입니다. 그런데 반대로 내 투자자산이 리츠의 비중이 더 높다면 미국 시장과 다르게 움직이는 계좌를 경험하고 있을 것입니다.

심지어 소외된 느낌을 받을 수도 있습니다. 그 이유는 미국 전체 시장을 얼마나 비슷하게 품고 있느냐에 따라 달라집니다. 그렇다고 무조건 동일한 비중을 맞출 필요는 없습니다. 다른 것을 인지하고 자신이 선택한 투자 방향이 잘못된 길로 빠지는 것은 아닌지 점검하는 것이 중요합니다. 투자자는 소외되어 외로운 것과 투자 방향이 잘못된 것을 혼동하는 일이 없도록 섹터 비중을 보며 분별력을 키워야 합니다. 지금의 이야기가 복잡하고 힘들게 느껴진다면 그냥 S&P500 지수추종 ETF를 선택하면 됩니다. 혹은 더 많은 미국 기업을 품고 싶다면 VTI라는 미국에 상장된 4,000개 기업에 투자하는 ETF를 참고해도 좋습니다.

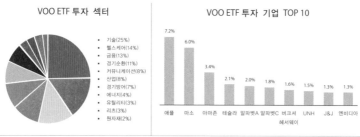

VOO ETF의 투자 섹터와 상위 10개 투자기업

VOO ETF 투자 섹터

- 기술(25%)
- 헬스케어(14%)
- 금융(13%)
- 경기순환(11%)
- 커뮤니케이션(8%)
- 산업(8%)
- 경기방어(7%)
- 에너지(4%)
- 유틸리티(3%)
- 리츠(3%)
- 원자재(2%)

VOO ETF 투자 기업 TOP 10

애플	마소	아마존	테슬라	알파벳A	알파벳C	버크서 헤서웨이	UNH	J&J	엔비디아
7.2%	6.0%	3.4%	2.1%	2.0%	1.8%	1.6%	1.5%	1.3%	1.3%

(기준일:2022.08.30)

두 번째는 나스닥100지수를 추종하는 ETF로 QQQ, QQQM 2 가지가 있습니다. 앞에서 S&P500은 미국 전체를 담고 있다면, 나스 닥100은 기술주 중심으로 투자하는 종목입니다. 애플, 마이크로소 프트, 구글, 테슬라, 아마존, 엔비디아 등 빅테크 기업뿐 아니라 미 래 유망한 혁신기업에도 함께 투자할 수 있는 종목입니다. QQQ와 QQQM는 같은 운용사에서 만든 종목으로 QQQ가 비싸서 매수하 기 힘든 투자자를 위한 미니 버전으로 QQQM이 2020년에 출시됐습 니다. 다행인 것은 QQQM이 QQQ보다 보수가 더 저렴하니 QQQM 를 매수하는 것이 수수료 측면에서 0.05% 더 유리합니다.

아래 그림에서 섹터 비중을 보면 기술(49%), 커뮤니케이션(16%), 경기순환(16%), 헬스케어(6%), 경기방어(6%), 산업(4%), 유틸리티(1%), 금융(1%)입니다. 역시 기술 분야가 가장 큰 비중을 차지하고 있습니

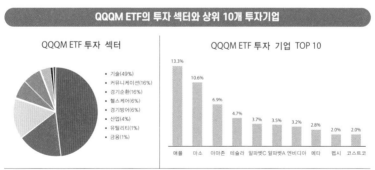

(기준일 : 2022.08.30)

다. 금융은 1%라고 표시되어 있는데, 금융 분야에서 혁신기업 혹은 금융서비스 기업만 포함됩니다. JP모건이나 웰스파고 같은 대표적 금융기업은 제외됐습니다. 이 말은 QQQM과 함께 투자하면 좋은 섹터가 금융 분야라는 이야기고, 없는 섹터로는 리츠와 원자재 기업입니다. 분산투자가 잘 되었는지 확인하는 방법으로 투자 섹터의 비중과 자신이 투자하고 있지 않은 섹터가 무엇인지 알고 있어야 합니다.

세 번째는 다우존스지수를 추종하는 ETF로 DIA가 있습니다. 다우존스지수의 역사는 그 어떤 지수보다 오래됐습니다. 월스트리트저널에서 찰스 다우(Charles Dow)와 에드워드 존스(Edward Jones)가 함께 만들었다고 '다우존스'가 됐습니다. 1896년에 만들어진 다우존스지수는 처음에 12개 기업으로 구성됐었는데 현재 30개 기업까지 증가했습니다. 비교를 위해 다른 지수의 탄생 역사를 잠깐 살펴보면 S&P500지수는 1957년, 나스닥지수가 1971년인 것을 감안하면 다우존스는 정말 오래된 역사를 갖고 있는 지수입니다. 그래서 과거 미국 증시를 살펴봐야 할 순간이 오면 언제나 빠지지 않고 나오는 것이 다우존스입니다. 조금 안타까운 것은 S&P500과 나스닥에 비해 지수 투자 상품으로써 매력이 상대적으로 낮아 DIA ETF의 자산규모는 ETF 톱10에 들어가지 못합니다. 하지만 매달 배당을 지급하고, 우량기업 30개에 투자하고 있습니다. 이런 이유로 선택과 집중을 원하는 투자자에게 DIA ETF는 여전히 매력적인 종목입니다.

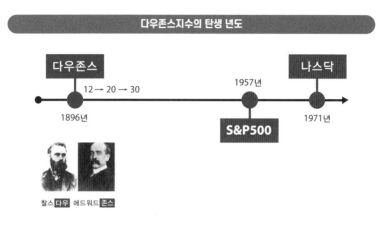

DIA ETF의 섹터 비중을 보면 헬스케어(22%), 금융(20%), 기술(17%), 산업(14%), 경기순환(14%), 경기방어(7%), 커뮤니케이션(3%), 에너지(3%), 원자재(1%)입니다. 투자 비중은 시가총액방식이 아닌 주식 가격에 따라 편입 비중이 결정되므로 비싼 종목의 비중이 높습니다. 그래서 유나이티드헬스케어그룹(UNH)이 1위고, 골드만삭스가 2위입니다. 가끔 다우존스가 다른 지수와 다르게 움직이는 경향을 보이는데, 주식 가격으로 비중을 나누고 투자기업 수가 30개로(상대적으로) 적기 때문에 개별 기업의 변동성이 잘 반영됩니다. 자산 규모가 가장 큰 애플은 30개 종목 중에 13위를 차지하고 있습니다. 종목 선정 방식을 S&P위원회가 알아서 판단하고 결정하기 때문에 투명하

지 않은 점이 투자자에게 불신을 주기도 합니다.

DIA ETF의 투자 섹터와 상위 10개 투자기업

DIA ETF 투자 섹터

- 헬스케어(22%)
- 금융(20%)
- 기술(17%)
- 산업(14%)
- 경기순환(14%)
- 경기방어(7%)
- 커뮤니케이션(3%)
- 에너지(3%)
- 원자재(1%)

DIA ETF 투자 기업 TOP 10

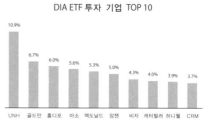

(기준일 : 2022.08.30)

　지금까지 소개한 3개 ETF의 특징을 간단히 정리하면, 나스닥100 지수를 추종하는 QQQM ETF는 빅테크 기업의 비중이 높기 때문에 주가 변동성이 크고 시세차익도 크게 발생할 가능성이 높습니다. S&P500지수추종 VOO ETF는 QQQM ETF보다 더 많은 기업에 투자하기 때문에 상대적으로 안정적 투자를 이어갈 수 있습니다. 다우존스지수를 추종하는 DIA ETF는 불투명한 운영방식을 취하고 있습니다. 하지만 지수를 활용해 과거를 답습하기에 좋으며 월 배당이란 매력이 있습니다. 3개 ETF 중 하나의 ETF만 투자해야 한다면 어떤 ETF를 선택해야 할까요?

　무엇이 최고라고 말할 수는 없지만, 모두 같은 대답을 하지 않았을 것입니다. 모든 투자에는 정답이 있는 것이 아니라 내 투자성향에 따라 달라지기 때문입니다. 자신을 돌아보고 스스로에게 맞는 투자를 해야 합니다. 공격적인 투자를 즐겨 하며 손실에 대한 스트레스를 감당할 수 있다면 QQQM과 같은 성장주 중심의 투자를 해도 좋습니다. 반면에 하루 5% 이상 하락하는 것을 못 보고 계좌에 마이너스가 찍혀 있는 것을 보면 잠을 못 자는 투자자라면 VOO와 같이 미국 전체 시장에 투자하는 종목을 선택하는 것이 더 좋습니다. 혹은 DIA ETF처럼 매달 배당을 받아야 안전감이 드는 투자자는 배당에 포커스를 맞춰 투자해야 합니다. 모든 사람의 얼굴과 성격이 다르듯 투자 또한 다를 수밖에 없습니다.

② 가치·성장 ETF: VUG, VTV, IWP, VOE

내게 맞는 투자를 하기 위해서는 나만의 스타일을 찾아야 하죠. 그런데 S&P500지수를 추종하는 ETF의 경우에는 미국 전체를 담기 때문에 특별할 것이 없다는 함정을 지닙니다. 주식 투자를 2가지로 구분한다면 가치와 성장으로 나눌 수 있습니다. 가치투자는 과거를 답습하고, 성장투자는 미래를 탐구하는 투자로 정반대 성향을 갖는 투자 방향이라고 볼 수 있습니다.

가치주에 해당하는 기업은 대부분 속한 산업에서 오랫동안 살아남은 베테랑 기업입니다. 여기에는 우리도 모르게 생활 속에 스며들어 있는 회사가 많습니다. 대표적으로 존슨앤존슨, P&G, JP모건 등이 있으며, 대부분 배당을 지급하는 기업으로 왕족주, 귀족주에 속합니다. 성장주에 해당하는 기업은 애플과 테슬라 같이 미래가 유망하고 혁신기술을 누구보다 빠르게 도입하며 R&D 투자를 꾸준히 하는 기업입니다. 이렇게 가치와 성장으로 나눠서 내 스타일에 맞게 ETF 투자를 할 수 있으며, 조금 더 자세히 구분하면 대형과 중형으로 세분화할 수 있습니다. 이렇게 나눈 4개 ETF(대형성장, 대형가치, 중형성장, 중형가치)는 아래 표와 같습니다.

대형과 중형, 가치와 성장에 따른 ETF 스타일

스타일		티커	자산규모($)	투자기업수	대표기업
대형	성장	VUG	77.2B	260	애플, 마소, 구글, 아마존, 테슬라, 엔비디아
	가치	VTV	99.6B	343	UHN, 버크셔, J&J, 엑슨모빌, P&G, JP모건
중형	성장	IWP	12.4B	383	시놉시스, 포티넷, IQVIA, 치포틀레, 페이첵스
	가치	VOE	16.1B	196	코르테바, 웰타워, 아서J, 달러트리, 크로거

VUG는 대형성장주에 투자하는 ETF로 260개 기업을 담고 있으며, 나스닥100지수의 확장버전이라고 생각하면 됩니다. VTV는 대형

가치주에 투자하는 ETF로 343개 기업을 담고 있으며, S&P500지수에서 성장주를 덜어낸 ETF입니다. IWP는 중형성장주에 투자하는 ETF로 383개 기업을 담고 있으며, 우리가 모르는 기업들이 많습니다. 예전 테슬라 또한 IWP에 포함됐던 기업이죠. 혁신기업들은 미래 유망 기업의 꿈을 품고 있는 회사들입니다.

VOE는 중형가치주에 투자하는 ETF로 196개 기업을 담고 있으며, 규모가 작은 배당기업들이 포함되어 있습니다. 자산규모를 보면 투자자가 어느 ETF를 선호하는지 간접적으로 알 수 있는데, 중형주에 투자하는 것 보다 안정적인 대형주를 선호하는 투자자가 많은 것을 알 수 있습니다. VOO ETF처럼 S&P500을 담아 시가총액 비중에 맞게 미국 전체 시장에 투자하는 방법도 있지만, VUG(성장)와 VTV(가치)를 함께 투자하면서 내 입맛에 맞게 6:4, 7:3 비중을 조절하며 직접 투자전략을 설계할 수도 있습니다. 대표하는 기업을 확인면서 어떤 기업에 투자하는 종목인지 판단하고, 내게 어울리는 옷을 찾듯 나만의 포트폴리오를 설계해보시길 바랍니다.

③ 배당 ETF: SCHD, VNQ, VEA
—

우리가 배당주에 투자하는 이유는 매달 혹은 분기마다 들어오는 배당을 받기 위해서입니다. 누군가는 배당금으로 노후를 설계하고 누군가는 경제적 자유를 꿈꿉니다. 꿈이 현실이 되기 위해서는 배당기업에 투자할 때 조심해야 할 것이 하나 있습니다. 열심히 투자하고 있는데 중간에 배당이 줄거나, 또는 기업이 배당을 지급할 수 없는 상황에 놓이는 것입니다. 2021년 미국의 통신기업 AT&T는 배당을 8% 이상 주는 고배당주로 유명했는데, 워너미디어 분사를 발표하면서 배당컷이 이뤄졌습니다. 배당이 절반으로 줄어들면서 투자자에게 아픈 상처를 남긴 것입니다.

저 또한 AT&T에 투자했던 투자자로서 배당컷의 무서움을 몸소 체험했습니다. 실망한 많은 투자자가 주식을 매도하는 바람에 주가도 추가 하락하는 고통까지 겪었죠. 당시 배당기업이 아닌 ETF에 투자하고 있었다면 어땠을까요? 수많은 기업 중 한 기업의 배당컷이기에 손실을 줄일 수 있었을 것입니다. 혹은 반대로 배당을 늘린 기업도 존재하기 때문에 상쇄효과가 일어나며 안정적인 배당이 유지됐을 수도 있습니다. 개별 기업에 투자하는 것보다 ETF에 투자하는 것은 상대적으로 리스크가 적습니다. 그렇기 때문에 시세차익보다는 배당을 목적으로 투자한다면 더욱 매력적인 투자가 됩니다. 배당 삭감의 걱정보다는 배당 성장의 즐거움을 주는 매력적인 ETF 3개를 소개하겠습니다.

첫 번째는 배당성장의 꽃이라고 불리는 SCHD ETF입니다. 투자하는 기업은 총 100개며 선정기준이 까다롭기로 유명합니다. 10년 연속 배당을 늘려온 기업을 우선 골라냅니다. 그리고 그중에 채무부담이 적고 수익성이 좋으며, 배당수익률과 배당성장률이 높은 기업 100개를 선별해 투자합니다. 투자 비중은 시가총액 가중방식으로 규모가 큰 기업에 높은 비중으로 투자합니다. 또한 이를 최대 4%를 넘지 않게 조절하며, 섹터 비중 또한 25%를 넘지 않게 관리하고 있습니다. 기업을 선정하는 작업은 주기적으로 진행되며, 2022년 3월에도 14개 기업이 교체됐습니다.

최근 5년간 성적은 연평균 배당성장이 13.3%고, 주가상승률은 13.6%입니다. 이는 S&P500과 비슷한 수준의 주가상승률을 보여준 것이고, 배당금 인상은 그 어떤 ETF보다 좋은 모습을 보였습니다. 저는 배당 ETF 투자에서 중요하게 보는 것 중에 하나가 배당성장률입니다. 왜 그런지 간단히 예를 들어 설명하겠습니다. 현재 SCHD 배당률 3%이고 배당성장률이 13.3%라고 가정하겠습니다. 1년 뒤 3.4%의 배당을 받게 되고, 10년 뒤 10.5%, 20년 뒤 36.5%, 30년 뒤 127%까지 배당률이 올라가게 됩니다. 배당률 100%가 넘는다는 것은 매년 받는 배당금이 원금을 넘어섰다는 이야기입니다.

현재 SCHD ETF 섹터비중을 보면 금융(20%), 기술(16%), 산업(16%), 경기방어(15%), 헬스케어(12%), 경기순환(8%), 커뮤니케이션(5%), 에너지(5%), 원자재(2%), 유틸리티(0.3%)입니다. VOO와 QQQM과 같은 지수추종 ETF와 다르게 기술 분야의 비중이 낮으며 배당주로 유명한 금융주의 비중이 가장 높게 측정되어 있습니다. SCHD ETF 투자기업을 보면 머크, 펩시, IBM, 코카콜라 등이 있으며 혹시 직접 배당성장기업에 투자를 고려하고 있다면 SCHD ETF에 포함된 기업 리스크를 참고해도 도움이 됩니다.

SCHD ETF의 투자 섹터와 상위 10개 투자기업

SCHD ETF 투자 섹터

- 금융(20%)
- 기술(16%)
- 산업(16%)
- 경기방어(15%)
- 헬스케어(12%)
- 경기순환(8%)
- 커뮤니케이션(5%)
- 에너지(5%)
- 원자재(2%)
- 유틸리티(0.3%)

SCHD ETF 투자 기업 TOP 10

TXN 4.19% / 펩시 4.38% / 코카콜라 4.23% / 홈디포 4.20% / 시스코 4.19% / 암젠 4.18% / 머크 4.14% / 브로드컴 3.93% / 화이자 3.92% / IBM 3.85%

(기준일:2022.08.30)

두 번째는 리츠를 통한 배당투자 VNQ ETF입니다. 리츠는 우리가 생각하는 ETF에서 제외된 경우가 종종 있습니다. 재무제표 보는 방식과 투자 형태가 다르기 때문에 하나의 기준으로 바라보기 어렵기 때문으로 보이며 별도의 투자가 필요합니다. 실제로 앞에서 소개한 SCHD, QQQM 2개 ETF 모두 리츠를 제외하고 있습니다. 그러므로 자산배분 차원에서 VNQ ETF와 같은 리츠는 따로 추가하는 형태로 생각하는 것이 좋습니다.

VNQ ETF는 미국에 상장된 리츠기업 167개에 투자하는 종목으로 우리가 생각하는 것보다 많은 리츠기업을 품고 있습니다. 상가임대 같은 상업용 리츠기업으로 리얼티인컴, 5G 통신타워를 임대하는 아메리칸타워, 물류센터를 보유한 프로로지스, 데이터센터 기업 에퀴닉스 등이 있습니다. 기업에 대한 투자 비중은 표를 확인하기 바랍니다.

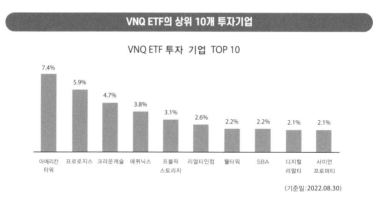

(기준일:2022.08.30)

세 번째는 미국을 제외한 글로벌 배당투자 VEA ETF입니다. 지금까지 이야기한 ETF는 모두 미국에 투자하는 종목입니다. 미국 경제가 세계 경제에서 중요한 역할을 하고 있지만, 그렇다고 미국에만 투자하면 곤란한 상황이 벌어질 수 있습니다. 레이 달리오가 평가한 국가별 상대적 힘의 추정치를 살펴보면 1500년대 중국, 1600년대 네덜란드, 1800년대 영국, 1900년대부터 지금까지 미국이 세계 경제를 이끌고 있습니다. 미국이 계속 1위 자리를 차지할 수 있을까요? 그것은 아무도 장담할 수 없습니다. 현재 GDP 1위 국가인 미국에 투자하고 있지만, 언젠가 변화될 세계를 미리 준비하는 것도 필요하기에 미국을 제외한 국가에도 관심을 가져야 합니다.

레이 달리오, 국가별 상대적 힘의 추정치

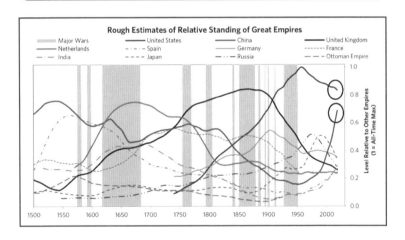

VEA ETF가 바로 미국을 제외한 국가에 투자하는 종목으로 투

자자의 수요가 있었기 때문에 만들어진 상품입니다. 많은 투자자가 관심 갖고 있다고 증명할 수 있는 것은 자산 규모인데 자그마치 400억 달러가 넘는 숫자가 말해줍니다. 얼마나 큰 규모냐면 미국에 상장된 2,900개가 넘는 ETF 중에서 7위를 차지하고 있습니다. 또한 1~6위는 미국에 투자하는 종목이면서 5개가 지수추종 ETF인 것을 감안하면 VEA가 얼마나 대단한지 다시 한번 생각하게 됩니다.

현명한 투자는 자산배분을 잘하듯이 우리 또한 적은 돈부터 자산을 배분하는 습관을 들이는 것이 좋습니다. VEA ETF 섹터 비중을 보면 금융(17%), 산업(15%), 헬스케어(11%), 경기순환(10%), 기술(10%), 경기방어(8%), 원자재(8%), 에너지(6%), 커뮤니케이션(5%), 리츠(4%), 유틸리티(3%)입니다. 투자기업 수는 자그마치 3,986개로 분산투자하고 있습니다. 1개 기업당 투자 비중이 높지 않아 리스크가 적고,

VEA ETF의 투자 섹터와 상위 10개 투자기업

VEA ETF 투자 섹터

- 금융(17%)
- 산업(15%)
- 헬스케어(11%)
- 경기순환(10%)
- 기술(10%)
- 경기방어(8%)
- 원자재(8%)
- 에너지(6%)
- 커뮤니케이션(5%)
- 리츠(4%)
- 유틸리티(3%)

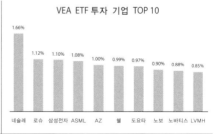

VEA ETF 투자 기업 TOP 10

네슬레	로슈	삼성전자	ASML	AZ	쉘	도요타	노보	노바티스	LVMH
1.66%	1.12%	1.10%	1.08%	1.00%	0.99%	0.97%	0.90%	0.88%	0.85%

(기준일:2022.08.30)

주가 변동성 또한 낮은 편입니다. VEA ETF가 담고 있는 기업 가운데 당당히 3위를 차지하고 있는 회사가 삼성전자로 자랑스러운 모습을 보여줍니다. 그 외에 몇 개 기업을 살펴보면 커피와 코코아로 유명한 네슬레, 바이오 헬스기업 로슈, 일본의 자동차 기업 토요타, 반도체 장비 1위 기업 ASML홀딩 등이 있습니다. 배당률도 3%대로 괜찮은 수준이며, 자산배분 차원에서 접근하기 좋은 ETF입니다.

④ 테마 ETF: SOXX, CIBR, SKYY, BOTZ, AIEQ, ICLN

투자를 하면 자연스럽게 경제를 알게 됩니다. 금리변화에 따라 국가별, 산업별, 기업별 취하는 행동이 다른 것을 파악하게 되죠. 지수를 추종하는 ETF에 투자하는 것은 이런 변화에 대응을 하지 않고, 시간이란 강력한 무기로 싸우는 투자전략입니다. 하지만 사람은 큰 수익을 목말라하고 자기가 공부하고 투자한 것에 대한 인정을 받고 싶어 합니다. 혁신기업에 용기 있게 전 재산을 넣는 투자 방법도 있습니다. 하지만 그렇게 부자가 된 사람은 극소수로서 뉴스에서 나올 정도로 드문 경우죠. 테슬라 같은 기업은 평생 한 번 나올까 말까이며, 수천 개 기업 중에 우리가 테슬라를 선택하기란 쉽지 않습니다.

그렇다고 무조건 지수를 추종하는 ETF에 투자하는 것이 정답일까요? 그렇지 않습니다. 테슬라 같은 기업은 찾기 힘들지만, 전기차가 앞으로 유망한 산업이고 확장될 것은 많은 투자자가 알고 있었을 것입니다.

테슬라는 아니어도 테슬라가 속한 산업인 전기차와 2차 전지 관련 ETF에 투자하면 됩니다. 이것이 바로 테마 ETF로, 정말 간단한 투자 방법입니다. 실제 종목으로 해외에는 LIT ETF가 있고, 국내에는 TIGER차이나전기차SOLACTIVE ETF가 있습니다. 추가로 새롭게 성장하고 있는 산업으로는 클라우드(SKYY), 사이버보안(CIBR), 로봇(BOTZ), 인공지능(AIQ) 등이 있습니다. 이런 산업에 투자하면 신규 산업이라 변동성이 클 수 있지만 투자자가 잘 견뎌내면서 꾸준히 관심을 갖는다면 성공적인 투자를 이룰 것입니다. 신규산업이 아니어도 꾸준히 성장하는 산업에 관심을 갖는 것도 좋은 방법입니다. 대표적으로 반도체가 있습니다. '미래의 쌀'이라고 불리는 반도체는 사이클을 형성하며 우상향하는 산업 중 하나입니다.

ETF로 투자하는 방법으로 SOXX, SMH, XSD, PSI 등이 있으며, 가장 많이 사랑받고 있는 ETF는 SOXX와 XSD입니다. 테마 ETF를 살펴보면 모든 것이 매력적이고, 미래 먹거리가 될 것 같아 흥분해 많은 자산을 테마 ETF에 투자하는 투자자도 종종 있습니다. 여기에서 조심해야 할 점은 테마 ETF 투자는 내 자산의 10% 이상을 넘지 않는 것이 좋습니다. 변동성이 큰 시장인데다 미래는 누구도 알 수 없기에 투자자는 보수적이어야 합니다. 장기적인 관점에서 오래도록 투자를 이어가야 합니다. 테마 ETF의 비중이 높으면 생각지도 못한 복병으로 인해 산업이 흔들릴 경우 낭패를 겪을 수 있습니다. 당장 실현될 것만 같았던 산업의 확장이 몇 년 뒤로 밀릴 수도 있는 것입니다. 투자의 핵심은 인내를 시간으로 바꾸는 행동입니다. 그 시간이 고된 상황 속에 놓이지 않도록 관리해야 합니다.

결국 부자가 될 것이니 욕심보다는 지혜로운 선택이 필요합니다. 그렇다면 테마 ETF 중에 어떤 산업을 선택하는 것이 좋을까요? 우리는 이런 질문을 받으면 수익률이 가장 좋은 산업이 무엇일지 고민해야 합니다. 그런데 그것보다 중요한 것은 자신이 알고 있는 산업, 꾸준히 모니터링이 가능한 산업이 무엇인지 확인하는 것입니다. 모르는 산업에 10년, 20년 투자할 수 있을까요? 성장하고 있는지 확인이 불가능한 산업에 장기 투자하는 게 가능할까요? 잘 모르는 산업은 1~2년 투자하다가 큰 폭락이 찾아오면 공포에 질려 매도하게 될 것입니다.

하지만 자신이 잘 알거나 혹은 현업에서 경험하고 있는 산업이라면 갑자기 찾아온 폭락은 견디기 힘든 공포가 아닙니다. 오히려 빠르게 부를 쌓을 수 있는 기회의 순간이 됩니다. 그렇기 때문에 테마 ETF는 꼭 자기가 알고 있는 분야 혹은 계속 모니터링이 가능한 산업에 투자해야 하는 것이죠. 아래 테마 ETF 표를 보고 내게 맞는 ETF를 찾아보시기 바랍니다. 아무리 봐도 자신이 투자할 수 있는 ETF가 없다면 지수추종 ETF에 투자하면 됩니다. 투자는 심플하고 스스로가 이해할 수 있는 산업에 투자하는 것이 좋은 선택입니다.

여러 테마 ETF와 기업들

테마	티커	자산규모($)	투자기업수	대표기업
반도체	SOXX	7.3B	30	엔비디아, 브로드컴, 인텔, TXN, AMD
청정에너지	ICLN	5.6B	98	엔페이즈, 솔라엣지, 베스카스, 플러그 파워
사이버보안	CIBR	5.2B	41	크라우드스트라이크, 지스케일러, 팔로알토, 옥타
2차전지	LIT	4.6B	40	알버말, EVE에너지, BYD, LG화학, 창신신소재
클라우드	SKYY	3.5B	71	퓨어스토리지, 아리스타, 몽고DB, 아마존, 오라클
로봇	BOTZ	1.5B	38	인튜이티브, 키엔스, 엔비디아, ABB, 화낙
게임	ESPO	329M	24	엔비디아, 블리자드, AMD, 로블록스, 텐센트
인공지능	AIEQ	118M	129	셔윈 윌리엄즈, 엔비디아, 버크셔, 구글, 엔테로
우주항공	ROKT	19.0M	34	이리디움, 보잉, 버진갤럭틱, HEICO, 로켓랩

⑤ 레버리지 ETF: TQQQ, SOXL

ETF 투자를 하고 수익률 상위 종목을 살펴보면 평소에 보지 못했던 종목들이 등장하는 것을 알 수 있습니다. 그중에 거래량이 많은 종목을 살펴보면 TQQQ, SOXL, SQQQ, FNGU, BULZ 등이 있습니다. 레버리지 종목으로 수익률 변동성이 기존 ETF에 비해 3배로 움직이는 상품들입니다. 대표적으로 TQQQ는 나스닥100지수를 추종하는 QQQ의 3배 레버리지 종목으로 QQQ가 3% 상승하면 TQQQ는 9% 상승하고 -3% 하락하면 -9% 하락하는 종목입니다.

듣기만 해도 위험한 종목으로 보이는데, 안타깝게도 한국 개인 투자자의 거래종목을 확인하면 레버리지 상품의 거래가 많습니다. 참고로 저는 레버리지 투자를 하지 않습니다. 그 이유를 간단히 설명하면 주가는 상승·횡보·하락 3가지 방향 중 하나로 움직입니다. 레버리지 투자는 3가지 경우 가운데 상승할 때만 수익을 낼 수 있는 구조를 갖고 있습니다. 단순하게 계산하면 수익을 낼 확률이 33.3%인 것입니다. 왜 횡보할 때 레버리지 상품은 수익을 내지 못할까요?

예를 들어 QQQ와 TQQQ에 100달러를 투자했다고 가정해보죠. 초기에 증시가 좋지 않아 -20% 하락했습니다. 그렇다면 QQQ

는 80(-20%)달러가 되고, TQQQ는 40(-60%)달러가 됩니다. 그다음에 다행히 V자 반등하면서 다시 20% 상승했습니다. 그렇다면 QQQ는 96(20%)달러가 되고, TQQQ는 64(60%)달러가 됩니다. 다음 달에 추가 5% 상승이 나와서 QQQ는 101(5%)달러가 됐고, TQQQ는 74(15%)달러가 됐습니다. QQQ는 하락과 상승을 통해 횡보하는 시장에서 다시 100달러 수준으로 올랐습니다. 하지만 TQQQ는 동일하게 움직였음에도 불구하고 여전히 -26%를 기록하고 있습니다.

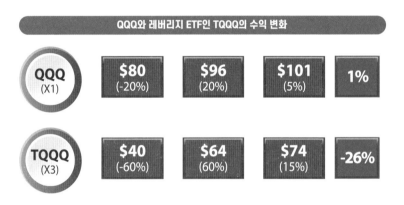

QQQ와 레버리지 ETF인 TQQQ의 수익 변화

| QQQ (X1) | $80 (-20%) | $96 (20%) | $101 (5%) | 1% |
| TQQQ (X3) | $40 (-60%) | $64 (60%) | $74 (15%) | -26% |

이것이 레버리지 투자가 상승과 하락을 반복하며 횡보할 때 수익을 낼 수 없는 이유입니다. 오로지 증시가 상승할 때 수익이 발생하기 때문에 타이밍을 맞추겠다는 마음으로 투자하는 것이 레버리지 투자입니다. 당연히 바닥에서 매수해서 상승할 때 매도하면 그

어느 투자보다 아름다운 결과를 만듭니다. 하지만 그렇게 정확한 타이밍을 맞추는 투자자는 극히 드뭅니다. 적어도 저는 그런 투자자가 아니기에 레버리지 투자를 하지 않습니다.

투자의 세계에는 숨은 고수가 많기 때문에 레버리지가 무조건 나쁜 상품이라고 말할 수 없습니다. 누군가에게 꼭 필요한 종목일 수 있으니 말입니다. 하지만 대부분의 일반 투자자에게는 득보다 독이 되는 경우가 많습니다. 초보 투자자는 충분한 투자 경험을 바탕으로 내공이 쌓이고 접근해보길 권장합니다. 추가로 보수가 1% 수준으로 높기 때문에 장기 투자하기 어려운 상품입니다. 혹시 본전을 생각하며 계속 레버리지 투자의 늪에서 빠져나오지 못하는 투자자가 있다면, 더 깊은 늪속으로 빠져들고 있지 않은지 진지하게 생각해봐야 합니다. 빠져나오기 좋은 타이밍은 항상 '지금 당장'입니다.

ETF 투자에 대해 많은 질문을 받는 것 중에 하나가 "ETF 보수는 언제 지불하나요?"입니다. 앞에서 TQQQ 보수가 1% 수준으로 높다고 했는데, 정확한 총보수는 0.95%입니다. 1,000만 원을 투자했다면 9만 5,000원을 보수로 내야 하는 것이니 낮은 금액은 아닙니다. 9만 5,000원이라는 금액은 1년을 보유했을 때 내는 금액입니다. 365로 나누면 1일당 보수가 계산되며 약 260원을 지불하게 됩니다. 별

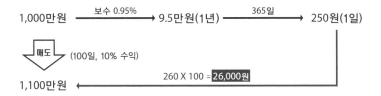

ETF 보수 계산

1,000만원 ──보수 0.95%──→ 9.5만원(1년) ──365일──→ 250원(1일)

매도 (100일, 10% 수익)

1,100만원 ←── 260 X 100 = **26,000원**

도로 지불하는 것이 아닌 TQQQ 단가에 녹아서 매일 갱신되므로 하루 동안 주가가 움직이지 않았다면 보수 때문에 단가는 조금 내려가게 됩니다. 예를 들어 1,000만 원을 100일 동안 투자해 10% 상승하면 100만 원의 수익이 발생했지만, 보수로 2만 6,000원을 지불한 것입니다. 보수가 높은 ETF는 장기 투자에 좋지 않으니 ETF 선택할 때 고려해야 할 부분입니다.

지금까지 투자에 필요한 선수(ETF)를 소개했습니다. 우리는 이것을 어떻게 활용하면 좋을까요? 대부분의 스포츠 경기에는 공격과 수비가 공존합니다. 공격만 잘한다고 승리하는 것이 아니고 수비 또한 철옹성처럼 잘 막아야 경기에서 이길 수 있습니다. 축구 경기에서 3득점하고 4실점 하면 패배하는 것이 당연하죠. 이기는 싸움을 하기 위해 투자도 공격과 수비가 조화롭게 갖춰져 있어야 성공적인 투자라고 할 수 있습니다. 여기서 공격수는 성장이고, 수비수는 배당을 말합니다. 경기에서 승리하기 위해 선수들의 컨디션을 체크하고 기량을 확인하며 전략을 연구해야 하듯이 투자도 마찬가지입니다. 감독의 입장에서 내 팀의 전략을 분석하고 상대 팀(세계 경제)을 파악해 멋진 포트폴리오를 만들어가는 것이 투자입니다.

50대 부장님의 5년 은퇴 프로젝트
•••••

구독자 사연 03
—

50대 직장인입니다. 세월은 참 빨리 지나가는 것 같아요. 어느덧 은퇴를 생각해야 할 나이가 됐다니 말이죠. 20년 직장 생활을 했고 현재 직급은 부장입니다. 아내와 딸아이가 제 단출한 가족입니다. 5년 뒤 은퇴를 고려하고 있는데, 자산관리 방법을 알려주실 수 있을까요? 돈이 여기저기 조금씩 있기는 하지만 어떻게 해야 할지 모르겠습니다.

초등학교부터 대학교까지 시간을 모두 합쳐도 16년입니다. 그런데 직장을 20년 넘게 다녔다는 것은 정말 대단한 일 같습니다. 시작이 있으면 언제나 끝이 있죠. 학교에서 졸업하는 것처럼 직장도 언젠가는 퇴사 혹은 정년퇴임을 해야 하는 순간이 옵니다. 50세 부장급 연배라면 이제 두 번째 소득을 위한 다음 스텝을 준비해야 할 때입니다. 평균수명이 83.5세로 100세 시대가 열렸습니다. 그래서 요즘에 은퇴 이후의 삶이 더욱 중요해지고 있습니다. 앞으로 5년 정도 준비 시간이 있다고 했죠? 일단 자가를 보유하고 있는 점은 다행입니다. 딸아이 1명이 시집을 갈 때 필요한 돈 일부를 제외하고, 지금까지 모아 놓은 2억 원의 금융자산과 2억 원의 퇴직금이 있다고 하셨습니다. 그리고 앞으로 5년간 들어오는 월급 500만 원을 어떻게 관리해야 남은 노후가 든든해질 수 있는지 지금부터 자세히 설명을 드리겠습니다.

50세부터 준비해 5년 뒤 멋지게 은퇴한다고 가정하면, 우리는 55세부터 얼마의 돈이 자신이 생활하는 데 필요할지 계산을 해보는 것이 첫 번째입니다. 통계청 자료를 보면 2인 가구 월평균 소비가 200만 원 정도 됩니다. 그런데 20년 넘게 살아온 생활 패턴과 소비습관이 있기 때문에 평균보다는 진짜 나의 소비를 계산해보는 것이 좋습니다. 3개월 정도 가계부를 작성해 나의 소비패턴을 알고 계시는 것이 좋습니다. 지금은

200만 원을 기준으로 가정하겠습니다. 200만 원이 평생 들어온다면 든든한 노후를 만들 수 있겠죠? 이렇게 생각하면 정말 간단한 일 같지만 현재 가지고 있는 자산으로 평생 200만 원씩 받을 수 있는 구조를 만든다는 것은 생각보다 어려운 작업입니다.

하지만 한 가지 좋은 것 중 하나는 직장을 계속 다녔으니, 1969년생 이후 태어난 사람들은 65세부터 국민연금이 받게 됩니다. 25년간 국민연금을 납부했다면 소득에 따라 33만 원에서 90만 원까지 받을 수 있습니다. 내가 국민연금으로 얼마를 받게 되는지 정확히 알고 싶다면 인터넷 홈페이지 '금융감독원(www.fss.or.kr)'에 들어가면 바로 확인해볼 수 있습니다. 직장 생활 20년을 하셨으니 국민연금이 100만 원이 넘을 것 같은데요. 현재 국민연금 수령액 평균인 50만 원으로 가정하고 보겠습니다. 55세부터 65세까지는 200만 원이 필요하지만 65세부터는 국민연금으로 50만 원이 지급되니 150만 원이 필요하게 되는 거죠. 한결 마음이 편해지셨나요? 국민연금뿐 아니라 자신이 미리 노후를 위한 준비를 한다면 이렇게 조금 더 안정적인 삶을 살 수 있습니다.

이제 직장을 갖고 투자를 시작한 사회초년생과 은퇴를 얼마 남겨두지 않은 예비 은퇴자는 다른 색깔의 투자를 할 수밖에 없습니다. 여기서 우리가 조심해야 할 것은 마음만은 청춘이라 계속 공격적인 투자와 높은 수익률을 기대하는 시선입니다. 사회초년생들은 월급 자체가 적어서 투자로 실패를 해도 큰 타격을 입지 않습니다. 그들은 손해를 통한 학습과 다시 일어날 수 있는 시간이라는 무기가 있습니다. 하지만 억 단위의 돈을 갖고 있는 예비 은퇴자가 같은 마음이라면 곤란합니다. 자산을 크게 늘리려는 욕심보다는 지키는 것에 더욱 신경써야 하며, 손해를 보지 않으려는 노력이 더욱 중요한 시기인 것이죠.

워런 버핏은 잃지 않는 투자를 하기 위해 좋은 기업을 저평가됐을 때 매수하는 전략을 펼치기도 했지만, 배당을 주는 기업을 선택하는 것으로도 유명합니다. 버핏이 투자하는 기업 중 상위 5개 기업을 보면 2022년 2분기 기준 애플, 뱅크오브아메리카, 코카콜라, 셰브론, 아메리칸익스프레스입니다. 모두 배당을 주는 기업이죠. 애플이 무슨 배당주냐 할 수 있지만, 10년째 배당을 꾸준히 늘려온 배당성장기업입니다. 그렇다면 우리도 배당성장에 포커스를 맞춰 잃지 않는 투자전략을 세워야겠습니다. 지금 구독자님의 자금은 3가지로 나눠서 볼 수 있는데요. 첫 번째는 현재 가지고 있는 금융자산 2억 원을 어떻게 투자할지, 두 번째는 매달 500만 원 월급 중에 300만 원씩 적립식으로 어떻게 투자할지, 마지막 세 번째는 퇴직할 때 발생하는 퇴직금 2억 원을 어떻게 투자할지입니다. 다시 하나씩 풀어볼게요.

첫 번째는 가지고 있는 금융자산 2억 원은 주가도 상승하면서 배당도 꾸준히 늘려주는 종목에 투자하는 것이 좋습니다. 당장의 배당률보다는 미래 배당률이 좋은 곳이 더욱 좋겠죠. 그래야 인플레이션을 방어할 수 있고, 노후를 더욱 안정적으로 보낼 수 있을 테니까요. 하나의 기업을 선택해 리스크를 가져가기 보다는 ETF를 통해 분산투자를 하겠습니다. 그렇다면 배당성장 ETF 4가지를 비교해 하나를 선정하면 되는데요.

대표적인 배당성장 ETF로는 DGRO, NOBL, SCHD, VIG이 있습니다. 4개 모두 좋은 ETF지만 하나만 선택하기 위해 주가상승률과 배당성장률을 비교해보겠습니다. ① 최근 5년간 연평균 배당성장률을 보면 SCHD 12.45%, NOBL 10.75%, DGRO 10.38%, VIG 7.89%입니다. SCHD가 상대적으로 높은 배당성장률을 보여주고 있네요. ② 최근 5년간 연평균 주가 상승률을 보면 SCHD 15.86%, VIG 14.79%, DGRO 14.42%, NOBL 13.94%입니다. SCHD ETF가 주가상승률도 높게 나타납니다.

투자에 앞에서 SCHD ETF는 어떤 ETF인지 알아야겠죠. 간단히 보겠습니다. SCHD ETF 운용사는 찰스 슈왑(Charles Schwab)으로 미국 다섯 손가락 안에 들어가는 기업입니다. 상장일은 2011년 10월 20일로 이제 10년이 조금 넘게 운영됐습니다. 자산 규모는 350억 달러 이상으로 볼륨이 큰 것을 알 수 있습니다. 미국에 상장된 ETF는 2,900개가 넘는데 그중에 50위 안에 들어가는 ETF입니다.

쉽게 비교해보면 다우존스지수를 추종하는 ETF로 DIA가 있는데, 상장 일이 1998년 1월인데 자산규모가 280억 달러로 SCHD보다 적습니다. 지수를 추종하는 DIA ETF보다 늦게 상장했는데, 자산 규모가 이 정도로 크다는 것은 그만큼 많은 투자자의 선택을 받았다는 것입니다. 투자하는 기업 수는 100개입니다. 비중이 높은 기업 10개를 보면 TXN, 펩시, 코카콜라, 홈디포, 시스코시스템, 암젠, 머크, 브로드컴, 화이자. IBM 순입니다. 이들은 모두 배당을 주며 성장하는 기업입니다. 여기서 리츠기업은 제외됩니다. ETF는 이런 기업을 한 번에 투자할 수 있으며, 무엇보다 적은 금액으로 분산투자할 수 있다는 장점이 있습니다.

과거 10년간의 데이터를 기준으로 앞으로 5년 뒤 예상되는 자산의 증가를 계산하겠습니다. 2억 원이라는 금융자산은 매년 13.5%(10년 평균 주가상승률) 주가 상승과 배당금 재투자를 통해 3억 9,133만 원으로 증가합니다. 3.77%(2022년 8월 5일 예상배당률)이었던 배당률은 매년 12.1%(10년 평균 배당성장률) 성장해 5년 뒤 6.67%까지 올랐습니다. 분기 배당을 주는 ETF지만 월 배당으로 계산하고 배당소득세까지 제외하면 60만 원의 배당이었는데, 5년 뒤 95만 원의 배당을 받게 됩니다. 매달 200만 원이 필요한데 2억 원의 금융자산으로 47.5%는 해결할 수 있게 된 것입니다.

두 번째는 매달 300만 원을 투자해 꾸준히 배당받을 수 있는 구조를 만드는 것인데요. SCHD ETF는 리츠 상품을 제외한 종목이기 때문에 자산배분 측면에서 부동산 종목으로 구성하겠습니다. 미국 리츠기업 167개에 투자하고 있는 VNQ

ETF는 상업용 리츠뿐만 아니라 데이터센터, 물류창고, 통신 타워 등 다양한 리츠회사로 구성된 ETF입니다. VNQ는 부동산 경기에 따라 움직이기 때문에 배당성장률이 불규칙해 성장률을 제외하고 계산하겠습니다.

자산은 매달 300만 원씩 적립식 투자해 원금은 1억 8,000만 원이 되고, 매년 7.92%(10년 평균 주가상승률) 상승해 총자산은 2억 2,142만 원으로 증가합니다. 현재 배당률은 2.34%(2022년 8월 5일 예상배당률)로 매달 300만 원씩 1년 동안 3,600만 원 투자했다면 배당금이 87만 원입니다. 여기서 세금을 제외하면 순수하게 매달 들어오는 배당은 6만 원입니다. 5년 뒤를 생각하면 금액이 30만 원까지 증가합니다. 이는 배당성장을 고려하면 안전마진까지 가져갈 수 있는 조건입니다. 노후에 매달 필요한 200만 원에서 15%에 해당하는 금액을 여기서 만들 수 있게 됩니다.

마지막 세 번째는 퇴직금 2억 원인데요. 이 돈은 5년간 자산을 증식할 수 있는 것이 아니고, 퇴직할 때 받는 돈이죠. 퇴직금은 자산을 불리려는 목적보다는 원금을 잃지 않으면서 물가 상승률만큼의 상승분을 가져가면서 매달 수령하는 목표를 세웁니다. 여기서 더 적극적으로 투자를 생각하는 분들도 계시지만, 앞에서 소개한 두 방법에 따라 변동성 있는 주식에 투자하고 있으므로 포트폴리오 다각화를 위해 안전자산의 성격을 띠는 채권과 같은 종목을 선택하는 것이 좋습니다.

퇴직할 때 보통 IRP 계좌를 통해 퇴직연금을 수령하거나 현금으로 수령하는 경우가 있습니다. 이때는 만 55세가 넘어야 현금수령이 가능합니다. 그리고 퇴직소득세를 감면받기 위해서는 퇴직연금 계좌를 통해 10년 이상 나눠서 수령하면 퇴직소득세를 30% 감면받을 수 있습니다. 예를 들어 2억 원을 일시불로 찾으면 세금을 1,000만 원 내야 한다면 IRP 계좌를 통해 10년 이상 수령하면 700만 원을 10년간 나눠서 낸다고 보면 됩니다. 20년간 수령하면 40%까지 감면해줍니다. 2억 원을 채권 혹은 원금보장형 상품에 넣어두면 요즘 이자가 높지만 보수적으로 매년 2~3% 수익이 발생된다고 가정하면 인플레이션과 비슷한 수준입니다. 수익은 물가상승률로 제로가 됐다고 가정하고, 원금만 20년간 나눠서 수령한다고 보겠습니다. 그러면 매달 83만 3,333원을 안정적으로 받을 수 있는 구조가 됩니다. 노후에 매달 필요한 200만 원에서 41.7%에 해당하는 금액을 여기서 만들 수 있습니다.

정리하면 SCHD ETF 투자를 통해 매달 95만 원, VNQ ETF 투자를 통해 매달 30만 원, 퇴직금 채권에 보관하며 매달 83만 원의 배당금을 만들었습니다. 모두 합해서 208만 원의 월 배당구조를 만들어낸 것입니다. SCHD와 VNQ는 줄어드는 자산이 아니지만, 퇴직금은 20년 후 증발하는 돈이라 아쉬울 수 있는데요. 20년이면 긴 노후에 비해 짧은 시간이라고 생각할 수 도 있고, 55세에 은퇴하고 10년이 지나면 국민연금으로 50만 원 정도를 추가로 받을 수 있으니 너무 아쉬워할 필요는 없습니다.

그렇다면 11년 차부터 208만 원이 아니라 258만 원을 받는 것입니다. 15년간 50만 원을 추가로 소비해도 좋고, 재투자를 통해 노후의 후반부를 준비해도 좋습니다. SCHD ETF와 VNQ ETF에서 투자한 자산은 5년 뒤 6억 원(3억 9,133만 원 + 2억 2,142만 원)이 넘게 되는데, 기간이 길어질수록 복리로 늘어나며 원금을 인출해 쓰는 것이 아니라 배당만으로 생활을 할 수 있습니다. 나중에 목돈이 필요한 순간이 온다면 원금을 사용하셔도 좋지만 주식 수가 줄어들면 배당금도 감소하니, 투자원금을 인출할 때는 신중하길 바랍니다.

추가로 인플레이션으로 인한 물가상승이 걱정될 수 있는데요. 앞에서 변동성이 적은 채권투자에 대해서 물가상승률을 적용했지만, 그것보다 자산증식이 빠르게 이뤄지는 구조고, 배당성장률을 고려하면 시뮬레이션으로 진행한 금액보다 더 큰 자산이 형성될 것입니다.

초기 목돈은 배당성장 ETF, 월 적립식 투자는 리츠 ETF, 퇴직금으로는 채권으로 구성한 포트폴리오를 만들어봤습니다. 과거 데이터를 통해 계산한 것이기 때문에 미래를 100% 보장하지는 못합니다. 하지만 노후준비는 어떻게 해야 하고, 어떻게 투자 포트폴리오 구성을 가져가야 하는지 가이드라인을 만들었습니다. 여기서 자신의 상황과 투자성향에 맞게 보완해서 사용해도 좋습니다. 계속 말씀드리지만 투자는 누구에게 맞추는 것이 아니라 결국 내게 맞는 옷을 입어야 하고, 자신이 끝까지 투자할 수 있게 스스로 이해되는 포트폴리오를 구성해야 합니다.

채권투자 :

SHY, IEF, TLT

축구에서 골키퍼가 필요한 이유는 굳이 말하지 않아도 됩니다. 하지만 투자에서 채권이 필요한 이유는 말하지 않으면 사람들이 모릅니다. 왜 그럴까요? 채권은 눈에 띄지 않기 때문입니다. 공격수는 득점 후 세레모니를 하면서 자신을 사람들에게 각인시킵니다. 공을 잘 막는 골키퍼는 실점을 막는 순간에도 사람들의 관심을 받지 못합니다. 관중은 오히려 공격수의 멋진 슛이 들어가지 않아 아쉬워할 뿐이죠. 투자자라면 여기서 관중이 아닌 감독이 되어야 합니다. 자기가 운영하는 팀이 골키퍼가 없다면 경기에서 승리할 수 있을까요? 반대로 공격수만 11명 있으면 승리할 수 있을까요? 어떤 감독도 이런 불리한 게임을 절대 하지 않을 것입니다.

마찬가지로 우리 투자도 굳이 내게 불리한 투자를 할 필요가 없습니다. 수비와 골키퍼가 있어야 실점을 막을 수 있고 공격수의 득점을 통해 승리의 확률을 높일 수 있는 것입니다. 공격수 같은 성장기업에 대한 투자는 대부분하고 있으니 걱정이 되지 않습니다. 하지만 채권은 골키퍼처럼 움직임이 적고, 크게 관심을 받기 어려운 자산입니다. 그럼에도 불구하고 채권은 위기의 순간이 오면 영웅이 됩니다. 성장주가 모두 무너질 때 채권은 굳건하게 자리를 지키거나 혹은 반대로 상승해 수익을 발생시켜 성장주를 낮은 가격에 살 수 있는 기회까지 제공합니다. 이런 기회는 7~10년에 한 번 찾아오기 때문에 무시하는 투자자가 많습니다. 갑자기 찾아온 하락장에 준비하지 못한 투자자는 크게 상처를 입습니다.

투자금도 작은데 굳이 분산투자를 해야 하는지 반문하는 분들이 종종 있습니다. 적은 돈은 잃어도 될까요? 금수저로 태어나지 않았다면 대부분 적은 돈으로 투자를 시작합니다. 적은 돈부터 잃지 않는 투자를 해야 큰돈도 잃지 않을 확률이 높아집니다. 주변에 꾸준히 투자해 성공한 사람들을 살펴보면 대부분 리스크를 줄이는 일에 상당히 많은 시간을 쏟는 것을 알 수 있습니다. 로또를 생각하며 투자를 바라본다면 부자 될 가능성은 제로에 가깝습니다. 적은 돈부터 자산을 분산하는 것은 선택이 아닌 필수입니다. 기회는 언제나 준비된 자가 차지하듯 채권을 투자하고 있지 않으면 기회를 잡을 수 없습니다.

항목	티커	채권 만기일	자산규모($)	배당률(%)
단기채권	SHY	1~3년	25.8B	2.45%
중기채권	IEF	7~10년	21.7B	2.84%
장기채권	TLT	20년 이상	25.3B	3.20%

단기채권 SHY, 중기채권 IEF, 장기채권 TLT의 차이

채권은 보통 단기·중기·장기로 구분하며 채권 만기일이 길수록 변동성이 크고 분배금도 높습니다. 채권 만기일에 따라 배당률이 달라지는 이유를 간단히 이야기하면 제가 친구 2명에게 1,000만 원씩 빌려준다고 가정하겠습니다. A는 1년 안에 갚을 예정이라 이자를 많이 받지 않기로 해 2%를 요구했습니다. B는 10년 뒤에 갚겠다고 하는데, 10년 동안 무슨 일이 생길지 모르고 원금을 모두 받을 수 있을지도 걱정이 됐습니다. 그래서 이자를 A처럼 2%가 아닌 5%를 요구했습니다.

미래에 대한 불확실성을 담보로 빌려주는 것이기에 이자가 높게 측정되는 것은 당연한 일입니다. 이렇듯 채권도 만기일이 길수록 배

당률이 높고 변동성 또한 크게 작용하는 것입니다. 대표적인 채권으로 단기채권 SHY, 중기채권 IEF, 장기채권 TLT가 있습니다. 주식 투자에 대한 방어자산으로 채권을 투자하기 때문에 일정 수준의 변동성을 가져가는 것이 좋아 IEF 혹은 TLT를 많이 투자합니다. 채권 투자에는 손이 선뜻 미치지 않겠지만, 골키퍼 없는 축구를 생각하며 자산배분 차원에서 채권을 꼭 염두에 두길 바랍니다.

글로벌 투자 :

중국, 인도

세계에서 공통된 기준이 되는 GDP는 다양하게 활용되고, 세계 GDP 순위 변화를 살펴보면 투자 힌트를 얻는 경우가 많습니다. GDP는 국내총생산으로 한 나라의 가계, 기업, 정부 등 모든 경제주체가 얼마나 열심히 일하고 가치를 만드는지 집약적으로 보여주는 수치입니다. 현재 1~2위를 차지하고 있는 국가는 당연히 미국과 중국입니다. 과거에도 그랬을까요?

1990년으로 거슬러 올라가면 중국은 GDP 11위 국가였습니다. 일본과 독일보다 낮았으며 심지어 브라질 바로 밑이었습니다(1990년 한국 16위). 그런 중국은 급격한 성장을 이뤄내며 현재 GDP 2위 국가로 올라섰습니다. 중국을 대표하는 상하이종합지수는 1991년 7월 출범해 100으로 시작한 지수는 현재 3,000(2022년 10월 26일)을 기록하고 있는데, 1억 원을 투자했다면 30억 원으로 늘어나는 놀라운 경험을 했을 것입니다. 최근 중국 증시가 좋지 않음에도 성공적인 투자인 것이죠. 게다가 상하이종합지수에 투자했다면 기업에 투자하는 것보다 상대적으로 리스크가 낮으니 '로우 리스크, 하이 리턴(Low Risk, High Return)'을 기대할 수 있는 투자입니다.

중국처럼 GDP 순위가 올라온 국가가 있다면 반대로 하락한 국가가 있기 마련입니다. 1990년 세계 GDP 순위 9위를 차지했던 스페인은 2022년 현재 6계단 내려온 15위가 됐습니다. 중국과 비교하면 한없이 작아진 국가 경쟁력은 숫자로 보지 않아도 알 수 있습니다. 상하이종합지수와 스페인 IBEX지수를 비교하면 더 처참한 결과가 나옵니다. 상하이종합지수가 1991년부터 지금까지 2,472% 상승하는 동안 스페인 IBEX지수는 198% 상승했습니다. 상승폭으로는 12배 이상 차이가 나는데, 어떤 국가에 투자할지는 우리가 신중히 고민해야 할 부분입니다. 미국이 GDP 1위 국가이니 안전하게 미국을 선택할 수 있습니다. 하지만 언제나 영원한 것은 없으니 대비가 필요합니다.

중국 vs 스페인 대표 지수 차트

순위	1990년		2022년	순위 변화
1	미국		미국	-
2	일본		중국	+9
3	독일		일본	-1
4	프랑스		독일	-1
5	이탈리아		영국	+1
6	영국		인도	+6
7	캐나다		프랑스	-3
8	이란		캐나다	-1
9	스페인		이탈리아	-4
10	브라질		브라질	-
11	중국		러시아	진입
12	인도		한국	+4
13	호주		호주	-
14	네덜란드		이란	-6
15	멕시코		스페인	-6
16	한국		멕시코	-6
17	스위스		인도네시아	진입
18	스웨덴		사우디아라비아	진입
19	터키		네덜란드	-5
20	벨기에		스위스	-3

투자자는 리스크를 줄이기 위해 미국 외에 국가에 투자를 고려해야 합니다. 그리고 그 대상은 GDP 순위가 상승하는 국가여야 합니다. 1990년 대비 현재 상승폭이 크며 관심을 가지면 좋을 국가는 중국, 인도, 한국이 있습니다. 다행히 우리나라가 여기에 포함되며 삼성전자를 필두로 아시아의 강국으로 성장하고 있습니다. 중국과 인도는 14억 명이 넘는 인구를 자랑하고 있습니다. 게다가 인도의 인구증가 속도는 중국보다 빠릅니다. 글로벌 투자로 미국에 상장된 대표 ETF로는 중국 ASHR, 인도 INDA, 한국 EWY가 있습니다. 상징적인 ETF이며 한국에 투자할 때는 EWY가 아닌 코스피200을 고려

하는 것이 좋습니다.

국가	티커	자산규모($)	투자기업수	대표기업
중국	ASHR	2.0B	289	귀주모태주, 닝더스다이, 핑안보험, 초상은행
인도	INDA	4.1B	108	릴라이언스, 인포시스, ICIC, HDFC, 타타
한국	EWY	3.0B	107	삼성전자, SK하이닉스, 네이버, 삼성SDI, LG화학

중국 ASHR, 인도 INDA, 한국 EWY 비교

중국과 인도 중에서

●●●●●

구독자 사연 04
—

중국과 인도에 투자하고 싶은데, 어디에 어떻게 투자해야
하는지 모르겠어요. 5~10년 정도 투자할 생각인데, 수페TV
님이 관심 갖고 있는 분야가 따로 있는지 궁금합니다.

자산배분 차원에서 포트폴리오를 구성할 때 한국과 미국
을 제외한 국가의 투자는 상당히 중요한 역할을 합니다. 국내

개인 투자자는 대부분 국내 주식을 중심으로 투자하거나 미국 주식을 담고 있습니다. 이런 투자는 리스크 관리 차원에서 좋은 선택이 아닙니다. 분산투자의 대가 레이 달리오의 '올웨더 포트폴리오(All-weather Portfolio)'를 보면 미국 주식, 신흥국 주식, 중기채권, 장기채권, 금, 원자재 등 다양한 자산에 투자하고 있습니다. 혼돈의 시기가 찾아오면 생과 사를 결정하는 것은 결국 자산배분을 어떻게 해놨느냐가 중요한 포인트입니다. 전체 비중은 개인 투자성향에 맞게 조절해야 합니다. 여기에 포트폴리오를 구성하고 안 하고는 하늘과 땅 차이입니다.

막상 투자를 하려고 생각하면 어떻게 투자해야 할지 막막한 경우가 있죠. 특히 모르는 분야는 더욱 그렇습니다. 그럴 때는 오히려 간단하게 ETF에 투자하는 것이 리스크를 줄이는 방법입니다. 국내 상장된 종목으로 중국 ETF 투자는 'TIGER 차이나전기차SOLACTIVE', 'TIGER 차이나항셍테크', 'TIGER 차이나CSI300'이 있고 인도 ETF 투자는 'KOSEF 인도Nifty50(합성)'이 있습니다. 중국은 이미 성장을 이룬 나라이기 때문에 기술 분야의 투자가 활발히 진행 중이고, 관련된 ETF도 많이 나와있는 상태입니다. 반면에 인도는 이제 성장하기 시작한 국가입니다. 테마 형태의 ETF보다는 지수를 추종하는 ETF 1개가 국내 상장됐습니다. 앞으로 국내에서 인도 관련 ETF가 증가한다면, 그것은 인도 시장이 커지고 있다는 증거일 것입니다.

중국과 인도의 ETF

국가	종목명	자산규모	투자형태(주요기업)
중국	TIGER차이나전기차SOLACTIVE	35,916억원	중국 전기차 관련 제조/판매 기업에 투자 (BYD, 화천기술, 이브에너지, CATL 등)
	TIGER차이나 항셍테크	3,660억원	홍콩에 상장된 중국 대표 혁신기업에 투자 (샤오미, 알리헬스, 텐센트, 알리바바 등)
	TIGER차이나 CS1300	1,999억원	CIS300지수추종하며 중국 본토기업에 투자 (마오타이, 초상은행, 평안보험, BYD 등)
인도	KOSEF 인도 Nifty50(합성)	672억원	인도 NSE 상장된 상위 50개 기업에 투자 (릴라이언스, 인포시스, HDFC, ICIC 등)

　중국과 인도에 투자할 수 있는 ETF 4개를 언급드렸는데요. 하나씩 자세히 살펴보면서 자신에게 맞는 종목이 무엇인지 찾아보길 바랍니다. 중국에 투자한다면 기본적으로 중국 본토 기업에 투자할 수 있는 'TIGER 차이나CSI300' ETF가 안정적이며, 대표 기업으로 중국 술로 유명한 마오타이가 포함된 ETF입니다. 그 외에 초상은행(China Merchants Bank), 평안보험(Ping An Insurance), BYD 등 중국 내수시장에 간접적으로 투자할 수 있습니다. 조금 더 적극적으로 기술 분야에 투자하고 싶다면 'TIGER 차이나 항셍테크' ETF가 있습니다. 우리가 알고 있는 텐센트, 알리바바, 샤오미 등이 포함된 ETF로 중국 혁신기

업의 미래를 밝게 보고 있다면 괜찮은 투자 상품이 됩니다.

한 발 더 들어가 산업으로 포커스를 맞추고 싶다면, 현재 세계에서 중국이 선두를 달리고 있는 전기차와 2차 전지 분야를 주목하는 것이 좋습니다. 여기에는 'TIGER 차이나전기차 SOLACTIVE' ETF가 있습니다. 전기차 시장은 앞으로 계속 성장할 수밖에 없습니다. 도로 위 자동차 2대 중 1대가 전기차가 되는 날까지 수요와 공급은 꾸준히 증가할 것입니다. 그래서 우리는 이 시장을 1~2년 만에 종료되는 것이 아닌 장기적인 관점으로 바라봐야 합니다. 구독자님이 언급한 5~10년 정도의 장기적 관점으로 투자하기에 좋은 산업 분야입니다.

전 세계에서 전기차가 가장 빠른 침투율로 보급되고 있는 나라가 중국입니다. 어느 국가보다 빠른 성장이 기대되는 국가로서 이미 많은 투자자가 몰리고 있습니다. 'TIGER 차이나전기차 SOLACTIVE' ETF의 자산 규모는 현재 3조 5,916억 원으로 숫자가 말해주듯 '핫'한 산업인 것을 증명하고 있습니다. 하지만 우리가 직접 중국에 투자하는 것은 부담스러울 수 있는데요. 그럴 때는 LIT ETF에 투자하는 것도 괜찮은 선택입니다. LIT는 전기차 관련된 산업에 투자를 합니다. 여기에는 중국 비중이 1/3 정도 되기 때문에, 더 큰 범위의 글로벌 전기차 산업에 투자하는 종목이라 할 수 있습니다.

마지막 인도 투자를 이야기하자면 국내에서 유일하게 투자할 수 있는 상품은 'KOSEF 인도Nifty50(합성)' ETF입니다. 인도 주식시장(NES)에 상장된 기업 중 상위 50개 기업에 투자하는 상품입니다. 여기에 대표 기업은 릴라이언스, 인포시스, HDFC 등이 있습니다. 릴라이언스는 우리나라의 삼성처럼 인도의 여러 산업에 사업을 영위하고 있는 그룹으로 에너지, 통신, 클라우드, 전자상거래 등에 진출해 있는데요. 회사 대표인 무케시 암바니(Mukesh Ambani)는 인도 최고의 부자이며, 2008년 세계 부자 5위에 오르기도 한 인물입니다. 릴라이언스에 직접 투자를 하고 싶다면 영국주식시장(London Stock Exchange)에서 티커 'RIGD'으로 거래가 가능합니다.

하지만 신흥국에 투자할 때는 하나의 기업보다 ETF를 통한 분산투자가 안정적이기에 국내에서는 'KOSEF 인도 Nifty50(합성)'를 선택하는 것이 좋습니다. 혹은 미국에 상장된 인도 ETF에 투자하고 싶다면 선택 범위가 넓어지는데요. 총 10개 ETF가 있으며 자세한 내용은 아래 표와 같습니다.

순번	티커	자산규모($)	테마
1	INDA	5.8B	대형주
2	EPI	962M	대형주
3	INDY	669M	대형주
4	SMIN	399M	중소형주
5	PIN	121M	대형주
6	INCO	94M	소비재
7	INDL	88M	대형주, 레버리지(X2)
8	GLIN	75M	성장주
9	FLIN	47M	중대형주
10	INDF	8M	금융주

미국에 상장된 인도 ETF

여기 나온 10개 ETF 중에 자산 규모가 크고 보수가 저렴하며, 릴라이언스의 비중이 높은 ETF를 선택한다면 INDA ETF가 적합합니다. 그 외에 중소형주, 소비재, 금융주 중심으로 투자를 고려하고 싶다면 SMIN, INCO, INDF를 분석해보길 권합니다.

중국과 인도에 투자하는 국내 ETF 상품은 연금저축으로 투자가 가능하니, 장기적인 관점으로 투자를 고려한다면 괜찮은 선택일 수 있습니다. 저도 연금저축으로 투자하고 있으며, 미국과 함께 성장하는 국가에 투자한다면, 앞으로 GDP 1위 국가가 어디든 우리의 자산은 불어날 것입니다. 지금까지 살펴본 ETF를 중에서 자신이 꾸준히 관심 갖고 모니터링할 수 있는 국가와 분야가 어딘지 생각해보고, 투자의 방향을 설정해보시기 바랍니다.

원자재 투자 :
금 투자 4가지

원자재는 보통 우리가 사용하는 제품과 먹는 음식의 기본 자재 및 재료가 되는 것들을 말합니다. 대표적인 원자재로 원유, 밀, 구리 등이 있으며, 자원을 많이 보유하고 있는 국가는 이를 통해 권력을 행사하기도 합니다. 원자재는 크게 3가지로 나눠서 금속, 에너지, 농업으로 구분합니다.

첫 번째 금속에는 금, 은, 구리, 알루미늄 등이 속합니다. 사용성 측면에서는 구리가 활발히 거래되고 있습니다. 투자 측면에서는 금을 안전자산으로 보유하고 있는 부자들이 많죠. 경제위기 혹은 돈에 대한 가치가 하락할 때 변하지 않은 자산으로 금을 찾는 수요가 증가하기 때문입니다. 실제로 과거 위기 상황에서 금은 자산을 지켜주는 보험과 같은 역할을 해왔습니다.

두 번째 에너지는 원유, 가솔린, 천연가스 등이 속하는데, 쉽게 접하고 경제 뉴스에서 자주 등장하는 것이 원유입니다. 산업이 발전하면서 필연적으로 사용하는 식량과 같은 존재입니다. 우리가 어떤 물건을 사고 쓰고 생활하는 것은 대부분 변화하지 않기 때문에 제조공장부터 다양한 산업은 꾸준히 성장해나갈 것입니다. 그리고 그 에너지 중심에는 원유가 있습니다. 하지만 탄소중립을 외치고 있는 현재 재생에너지부터 대체에너지까지 다양한 에너지 자원의 확장을 눈앞에 두고 있는 상황이죠. 그래서 무조건 원유가 최고라고는 할 수 없는 시점입니다. 기존 석유화학기업은 앞으로 친환경에너지로 탈바꿈해야 합니다. 어떻게 변화하느냐에 따라 기업의 미래가치에 대한 평가가 달라질 것입니다. 워런 버핏 또한 이런 큰 흐름에 따라 옥시덴탈에 투자를 시작했고, 그 비중을 높여가고 있습니다.

세 번째 농업에는 옥수수, 대두, 쌀, 귀리 등이 있습니다. 폭염과 같은 기상악화로 인해 식량난이 심해지고 있는 상황입니다. 최근 세계 2위 밀 생산국 인도에서 밀 수출 금지를 발표했습니다. 쌀까지 수출제한을 고려하다는 이야기에 농산물 가격이 치솟기도 했습니다.

농산물에 대한 사람들의 수요는 어느 정도 정해져 있습니다. 공급량 (수확량)에 따라 가격이 결정되는 경우가 많습니다.

세계 곡물 가격이 오르면 가공식품과 외식 등 밥상 물가에 치명적인 위협을 줍니다. 우리 생활에 즉각 큰 문제로 다가오게 됩니다. 그래서 식량난은 우리 삶에 밀접한 관계가 있으며 체감이 빠른 편입니다. 미국과 프랑스 등 전 세계가 고온 건조한 날씨로 인해 곡물 생산에 차질을 빚고 있습니다. 지금도 지구의 온도는 천천히 계속 올라가고 있습니다. 심지어 한국 진도군에서는 아열대 과일인 바나나를 생산할 정도입니다. 우리 또한 기후변화로 인한 농업의 적응과 발전이 시급한 상황입니다.

지금까지 원자재 주축이 되는 3가지 분야와 현재 상황을 간단히 살펴봤습니다. 여기서 독자님은 투자의 매력을 느끼셨나요? 우리가 주식 투자를 할 때 기업에 대한 가치평가를 하고, 기술적 분석으로 매수 타이밍을 도출하죠. 원자재 투자에도 각 산업의 상황을 파악하고, 앞으로 미래 전망을 예측해보는 것이 중요합니다. 투자 자원으로 보는 형태가 아니라면 금과 같은 안전자산의 개념으로 포트폴리오를 만들 때 분산투자의 한 종목으로 비중을 넣는 방식도 있습니다.

저는 어려운 예측보다 안전자산의 개념으로 투자하는 금을 선호합니다. 원자재의 방향을 결정하는 요소는 정말 다양하고 타이밍 또한 맞추기 어렵기 때문에 투자자산으로 생각하고 접근하기는 쉽지 않습니다. 하지만 금과 같은 안전자산의 개념으로 포트폴리오를 구성하고 일부 비중을 가지고 있는 형태라면 다양한 자산으로 분산투자하는 효과를 누릴 수 있기 때문에 안정적인 포트폴리오를 만들 수 있게 됩니다.

과거부터 금은 교환의 수단으로 매력적인 자산이었습니다. 금과 화폐를 교환해주는 금본위제도를 통해 신뢰성 있는 금속으로 인식됐습니다. 안전자산의 성격을 띠고 있는 금은 현재 금 본위제도가 폐지됐지만, 여전히 경제위기의 순간이 오면 많은 투자자가 선호하는 자산으로 자리 잡고 있습니다. 주식과 같은 위험자산의 반대 성격을 띠고 있는 금은 분산투자 개념으로 여전히 매력적인 투자자산입니다. 앞에서 소개한 채권과 같은 맥락으로 보는 것이 좋습니다. 리스크를 줄이기 위한 장치로 많은 투자자가 금을 선택합니다. 과거 경제위기 때 주식과 부동산시장이 하락했을 때, 금은 반대로 상승한 사례들이 많으며, 2022년 한해 동안 주식시장이 약세를 보이는 동안 금은 상승했기에 헤지(hedge)˙ 차원에서 좋은 투자 종목이 됩니다.

금에 대한 투자를 간단히 소개하겠습니다. 금을 투자하는 방법은 4가지가 있습니다. 첫 번째는 KRX금현물 투자 방법으로 한국금거래소에서 실시간으로 움

> ### 헤지(hedge)
> 손실에 대한 노출을 줄이기 위해서 예상 최대 수익을 포기하는 것이다. 금융시장의 불확실한 상품의 가격, 주가, 이자율, 환율로부터 발생할 수 있는 여러 위험을 회피하기 위해 사용된다.

직이는 금 시세대로 1g씩 현물로 투자할 수 있습니다. 주식 투자와 동일하다고 보면 되고, 거래가 빠르게 이뤄진다는 장점이 있습니다. 두 번째는 적립식 금 통장 투자 방법이 있습니다. 현금을 가지고 통장에 적금식으로 투자하는 방식이며 원화 혹은 그램당 가격으로 거래할 수 있습니다. 은행 예금, 적금과 동일하다고 보면 됩니다.

세 번째는 골드바 투자 방법이 있습니다. 말 그대로 골드바를 직접 구매해서 현물로 들고 있는 것입니다. 구매처는 은행 혹은 우체국에서 살 수 있습니다. 그램당 구매가 가능하지만 거래수수료 5%와 부과세 10%를 내야 해서 추천하지 않는 방법입니다. 네 번째는 금 ETF 투자 방법이 있습니다. 국내 투자 상품으로 KODEX 골드선물(H)이 있습니다. 뒤에 (H)가 붙어있기 때문에 환율에 상관없이, 오직 금 선물 가격에 연동돼 움직이는 상품입니다. 해외투자 ETF 상품으로 GLD, IAU가 있습니다.

지금까지 금 투자 방법 4가지를 살펴봤습니다. 중요한 것은 역시 세금과 수수료인데, 수수료 측면에서 바라보면 수수료 5%, 부과세 10%를 지불해야 하는 골드바를 직접 구매하는 것이 가장 불리합니다. 나머지 3개를 가지고 차익에 따른 세금을 살펴보면 KRX 금 투자가 가장 매력적이고 금 통장과 금 ETF는 비슷합니다. 포트폴리오를 구성하고 하나의 계좌로 관리를 하고 싶은 투자자라면 ETF 투자를 하는 것도 좋은 방법일 수 있습니다. 결국 투자는 꾸준히 관리해야 하는 것이기 때문에 스스로가 지치지 않고 계속 관리할 수 있는 것이 무엇인지 체크해보시길 바랍니다.

금 투자 방법

항목	KRX 금	금 통장	골드바	금 ETF
거래방법	증권사	시중은행	한국금거래소 등	자산운용사
단위	1g	0.01g	g, 돈, 냥	1좌
수수료	0.30%	1~5%	5.0%	0.3~1.0%
부과세	X	X	10%	X
차익 세금	X	배당소득세 15.4%	X	배당소득세:15.4% 양도소득세:22%

치킨집 사장님의 안정적인 투자 포트폴리오

· · · · ·

구독자 사연 05

—

치킨집을 운영하고 있는 자영업자입니다. 투자란 것을 해본 적이 없어서 어떻게 해야 하나 막막하고, 손실이 날 것 같아 두렵습니다. 하지만 왠지 이제 안 하면 안 될 것 같아 이렇게 도움을 청합니다. 현재 생활비와 나가는 돈을 다 제외하고 매달 100만 원씩 투자할 수 있는데요. 주변에 물어보면 그냥 삼성전자 사라고 하는데, 욕심일지 모르지만 더 안정적이고 수익이 날 수 있는 게 있는지 궁금합니다. 투자기간은 길면 20년 정도로 잡을 수 있을 것 같은데, 적금처럼 매달 넣을 수 있는 종목을 추천 부탁드립니다.

컨설팅을 진행하거나 투자에 대한 조언을 할 때, 가장 조심스러운 부류는 처음 투자를 시작하는 투자자입니다. 당장 투자해서 수익을 내고 싶은 마음은 충분히 이해가 됩니다. 하지만 우리가 태어나자마자 두 발로 바로 걸을 수는 없죠. 처음 수학을 접했는데 곧장 미적분을 이해하고 풀이할 수 없듯이 투자 또한 여러 시행착오와 절대적인 시간이 필요합니다. 그렇다고 무조건 몇 년 동안 투자하지 말고 공부해야 한다는 이야기는 아닙니다. 우리는 최대한 시행착오를 줄여야 하고, 바른 투자를 하려면 그만큼의 노력과 공부가 필요하다는 것을 인지해야 합니다.

주변 지인분들이 삼성전자 주식을 권했죠? 매달 100만 원을 삼성전자에 투자하면 어떤 결과가 나올까요? 과거 사례를 보면 당연히 좋은 선택이었습니다. 그런데 삼성전자에 내 모든 투자금을 넣으면, 삼성전자 주가에 따라 내 계좌도 함께 움직입니다. 모든 주식은 경제위기가 발생하면 여지없이 하락할 수밖에 없습니다. 그리고 삼성전자에 생기는 문제와 발생하는 악재까지 그대로 내 계좌에 반영됩니다. 삼성전자는 당연히 튼실한 기업이라 이겨내고 좋은 실적을 이어갈 것이라고 생각할 수 있습니다. 하지만 누구에게나 객관적인 판단을 내리기 힘든 순간이 찾아올 수 있습니다. 하나밖에 없는 내 계좌에 마이너스가 찍힌다면 어쩌시겠습니까?

이런 경우 더러는 (잘못된 선택으로) 주식을 '손절'하는 경우가 있습니다. 그렇게 주식에 대한 안 좋은 기억만 남기거나, 아예 주식과 담을 쌓는 분도 있습니다. 그래서 좋은 기업에 투자하는 것도 좋지만, 그보다 더 중요한 것은 분산투자를 통해 리스크를 최소화하는 것입니다. 그래야 장기 투자를 할 수 있으니까요. 그렇다면 지금부터 분산투자와 어떻게 포트폴리오를 구성하면 좋은지 살펴보겠습니다.

누군가 애플, 테슬라, 마이크로소프트, 구글, 엔비디아. 이렇게 5곳의 주식을 가지고 있다면 분산투자를 한 것일까요? 고르게 담았다고 생각할 수 있지만, 실은 모두 미국 주식에 투자한 것입니다. 심지어 성장기업에 쏠린 투자를 한 셈입니다. 한마디로 분산투자가 아닌 거죠. 그리고 더 충격적인 사실은 5개 종목을 1주씩만 매수해도 130만 원 이상이 필요하다는 것인데요. 매달 100만 원씩 적립식으로 투자하려면 5개 회사에 투자를 포기해야 할 기업이 생깁니다. 이렇게 되면 더욱 좁은 범위의 투자를 할 수밖에 없습니다. 이런 문제를 하나씩 해결해보겠습니다.

우선 분산투자를 위해 적은 돈으로 다양한 기업에 투자할 수 있는 상품이 있으면 좋겠죠? 그래서 나온 상품이 ETF입니다. 그중에서 QQQM이라는 ETF는 나스닥100지수를 추종하는 ETF로써 나스닥에 상장된 성장기업 100개를 투자하는 종목입니다. 앞에서 소개한 5개 빅테크 기업 외에 95개 성장기업을 더 담고 있습니다. 이로써 분산투자 효과를 톡톡히 누릴 수 있습니다. QQQM의 1주당 가격은 10만 원대로 접근성이 좋은 종목입니다. 이런 식으로 기업에 직접 투자하는 것이 아니라 ETF를 통해 다양한 기업에 나눠서 투자하는 방법을 선택합니다.

그렇다면 이제 성장주보다 다양한 자산배분이 중요하겠죠? QQQM ETF도 결국 성장주에 투자하는 것이니, 그 외 자산군에는 뭐가 있는지 살펴볼 필요가 있습니다. 포트폴리오 구성은 대표적으로 성장, 배당, 채권, 원자재 4가지 자산군으로 나눕니다. 그런데 왜 굳이 자산군을 고르게 투자해야 하는지 궁금할 텐데요. 네 자산군은 서로 상승과 하락을 보완해주는 역할을 하기 때문입니다. 경제위기로 위험자산이 폭락하면, 안전자산의 성격을 띠고 있는 금 같은 원자재가 상승하는 경향이 있습니다. 이런 기회는 준비된 사람, 즉 포트폴리오를 구축한 투자자만이 누릴 수 있는 특권이겠죠? 그만큼 자산배분이 중요하고 위기를 기회로 만들 수 있는 힘을 얻을 수 있게 됩니다. 그렇다면 이제 각 자산군별로 대표적인 ETF를 소개하겠습니다.

첫 번째는 '성장'입니다. 주식에 해당하며 앞에서 소개했던 것처럼 빅테크 기업 중심으로 이뤄져 있는 ETF를 고르면 되는데요. 보통 QQQ ETF를 많이들 알고 있습니다. 그런데 제가 QQQM을 소개해드렸죠. QQQM ETF는 QQQ와 동일하게 나스닥100지수를 추종하며, 총보수가 QQQ보다 저렴합니다. 늦게 상장해서 사람들이 잘 모르고 있지만, QQQM은 QQQ보다 매력적인 종목입니다.

두 번째는 '배당'으로 역시 주식에 해당하며, 미국에 상장된 배당기업에 투자하는 ETF를 선별해보겠습니다. 배당 ETF 중에서 배당이 꾸준히 성장하고 있는 ETF에 투자하는 것이 장기적인 관점에서 좋은데요. 배당성장 ETF로는 5년 이상 배당을 늘려온 기업에 투자하는 DGRO ETF, 10년 이상 배당을 늘려온 기업에 투자하는 SCHD ETF, 25년 이상 배당을 늘려온 기업에 투자하는 NOBL ETF가 있습니다. 25년 이상 배당을 늘려온 기업을 배당 귀족주라고 합니다. 그래서 다들 미국에서 좋은 기업으로 인정받는 귀족주의 타이틀을 얻기 위해 배당을 늘리는 경쟁을 하기도 합니다. 3개의 배당성장 ETF 중에서 배당성장률이 가장 좋고 주가상승률도 좋은 ETF가 바로 SCHD입니다. 25년 이상 배당을 늘려온 것은 아니지만 매력적인 기업이 많이 포함된 ETF인데요. QQQM과 동일하게 100개 기업에 투자하고 있습니다. 총보수는 0.06%로 저렴한 편이고 배당률은 약 3% 정도 됩니다.

세 번째 자산은 '채권'입니다. 채권은 안정적인 성격을 보이는 자산이지만 최근 큰 하락으로 힘든 시기를 겪고 있죠. 이미 많이 내려온 채권은 지금 위험하다기 보다는 오히려 조금 더 안정적으로 바뀐 모습입니다. 채권에도 종류가 있는데요. 크게 3가지로 나뉩니다. 장기·중기·단기 채권으로 단기에서 장기로 갈수록 주가변동성이 크며 배당금도 높게 측정됩니다. 변동성은 주식에서 많이 가져 가기 때문에 채권에서는 중기채권인 IEF ETF를 선택하겠습니다. 조금 더 변동성을 크게 가져가도 좋으니 배당금이 조금 더 높은 것을 선택하고 싶다면 장기채권 TLT ETF도 좋습니다.

마지막 네 번째 자산은 '원자재'입니다. 원자재는 금속, 에너지, 농업 3가지로 구분하며 금속의 대표는 금입니다. 에너지의 대표는 원유고, 농업의 대표는 옥수수, 대두 등이 있습니다. 이 중에 안전자산의 대표 성격을 띠는 금을 선택하겠습니다. 금 ETF는 2개가 있으며 GLD와 IAU입니다. 둘 다 금선

물지수를 추종하기 때문에 총보수가 저렴한 IAU ETF를 선택합니다. 이렇게 4가지 자산군에서 4개 ETF를 선정했는데요. QQQM(성장), SCHD(배당), IEF(채권), IAU(원자재)입니다. 이제부터가 포트폴리오 구성하는 데 정말 중요한 작업인데요. 각 자산군을 얼마의 비중으로 가져갈지의 문제입니다.

제가 생각하는 기준이 되는 비중은 성장 40%, 배당 40%, 채권 10%, 원자재 10%입니다. 지금 이야기한 비중은 투자성향에 따라 달라질 수 있습니다. 자신이 조금 공격적인 투자를 좋아하고 주가변동성을 잘 견딜 수 있다면, 성장의 비중을 50%까지 올리고, 배당을 30% 줄여도 됩니다. 반대로 보수적인 투자자라면 성장을 30%로 줄이고, 배당을 50%까지 올려도 됩니다. 이는 직접 투자를 하면서 자신에게 맞는 투자 비중이 어느 정도인지 직접 경험해야 나만의 투자 비중을 만들어 낼 수 있습니다. 아직 잘 모르겠다면 제가 말씀드린 4:4:1:1로 먼저 시작해보길 권장합니다.

종목을 고르고 투자 비중을 정했다면, 이제 실전으로 넘어가 어떻게 얼마나 매수해야 하는지 살펴보겠습니다. 가장 먼저 확인해야 할 것은 QQQM, SCHD, IEF, IAU 4개 종목의 현재 단가입니다. 지금의 가격을 알아야 종목별로 몇 주를 매수해야 자신이 원하는 비중을 맞출 수 있는지 계산이 됩니다. 2022년 10월 26일 기준으로 현재 단가를 보면 QQQM 114.30달러, SCHD 72.38달러, IEF 94.66달러, IAU 31.60달러입니다. 이 상황에서 성장 40%, 배당 40%, 채권 10%, 원자재 10% 비중을 맞추기 위해 각각 몇 주씩 매수하면 좋을까요?

아래 표와 같이 계산하면 금방 나오는데요. QQQM 3주, SCHD 5주, IEF 1주, IAU 2주를 선택했으며, 처음에 생각한 비중과 조금 달라질 수 있습니다. 현재 원자재 비중이 10%가 아닌 7.3%가 됐고, 다른 종목이 조금씩 상승했습니다. 비중 편차를 보면 2.7%까지 차이가 나는 것을 알 수 있는데요. 초기 설정은 3% 넘지 않게 맞추는 것이 좋습니다. 현재 구성한 포트폴리오는 총 862.7달러를 매달 투자하는 구조로 원화 120만 원 정도 되지만 환율이 1,200원으로 내려오면 100만 원 정도 됩니다. 종목 단가와 환율 변동에 따라 가격은 계속 바뀌게되니 투자 시점 상황에 맞게 종목별 투자 수량을 맞춰야 합니다. 과거 10년 수익률 기준으로 현재 포트폴리오는 연평균 12.3% 수익률을 기록하고 있으며, 미래 수익의 가이드로 활용합니다.

적립식 100만 원 투자 포트폴리오

구분	티커	산업	현재가($)	수량	투자금액	비중			수익률(10년)
						현재	기준	편차	
성장	QQQM	나스닥100	125.91	3	377.7	40.1%	40.0%	0.1%	17.9%
배당	SCHD	금융/산업	78.05	5	390.3	41.5%	40.0%	1.5%	14.0%
채권	IEF	중기채권	102.56	1	102.6	10.9%	10.0%	0.9%	1.5%
원자재	IAU	금	35.15	2	70.3	7.5%	10.0%	-2.5%	2.7%
합계					940.8	100%			13.4%

　과거 수익률을 알았다면 미래 수익률도 계산할 수 있습니다. 지금부터 100만 원씩 20년간 적립식으로 투자를 계획 중이었죠? 목표에 도달하면 과연 자산이 얼마나 증가하는지 시뮬레이션을 돌려보겠습니다. 100만 원씩 20년 투자하면 투자원금은 2억 4,000만 원이 되며, 매년 13.4% 수익이 발생하면 총자산은 12억 1,069만 원이 됩니다. 총수익률이 404%입니다. 투자 수익만 약 9억 7,000만 원이 되는 놀라운 일이 벌어집니다. 그런데 혹시라도 중간에 10년 만에 투자를 포기한다면 수익이 얼마로 줄어들게 될까요? 10년 투자원금이 1억 2,000만 원이고, 총자산은 2억 5,271만 원으로 총수익률은 110%가 됩니다. 이것 또한 작은 수익은 아니지만 투자기간이 절반으로 줄어들었는데, 수익은 절반이 아니라 4배 가까이 차이가 나는 것을 알 수 있습니다. 그만큼 복리효과는 뒤로 갈수록 점점 커지기

때문에 최대한 오래 투자를 유지하는 것이 가장 좋은 투자가 됩니다.

자산배분을 통한 포트폴리오를 구성하고, 꾸준히 적립식으로 100만 원씩 투자하면 끝일까요? 중요한 게 하나 더 남았습니다. 바로 '리밸런싱'인데요. 우리가 매달 적립식으로 투자를 하다 보면 4가지 자산군의 비중이 계속 바뀌고 기존에 설정한 비중 기준과 많이 달라진다는 것을 느낄 것입니다. 포트폴리오를 구성하고 투자하는 목표 중 가장 중요한 것은 기준에 맞는 자산배분과 이를 지키면서 투자하는 밸런스 있는 투자로 리스크를 줄이는 것인데요. 리스크 관리를 위해 포트폴리오 비중을 주기적으로 맞춰주는 리밸런싱을 해야 합니다. 리밸런싱은 2가지로 나눠서 볼 수 있으니, 하나씩 살펴보겠습니다.

첫 번째는 '정기 리밸런싱'으로 1년에 한 번 혹은 6개월에 한 번씩 기존에 설정한 기준으로 비중을 다시 맞춰주는 작업입니다. 예를 들어 성장에 40% 비중이어야 하는데, 1년 뒤 50%까지 증가했습니다. 배당이 40%이었는데 30%로 줄어들었다면, 성장에서 10% 매도해서 배당으로 10% 채워주는 작업을 합니다. 초기에는 거래를 최소화하기 위해 매달 적립식으로 넣는 금액으로 리밸런싱을 진행해도 됩니다. 하지만 나중에 금액이 커지면 적립식 금액으로 맞춰줄 수 없는 상황이옵니다. 그럴 때는 성장에서 수익 난 부분을 익절하고 저렴해진 배당주를 저가에 매수하면 됩니다. 이렇게 1년에 한 번씩기존에 설정한 비중으로 다시 맞춰주는 작업을 진행합니다.

포트폴리오 구성을 위한 성장, 배당, 채권, 원자재 종목 소개

분야	테마	종목(ETF)
성장	S&P500	SPY, VOO, IVV, SPLG
	나스닥100	QQQ, QQQM
	다우존스	DIA
	대형/중형	VUG, IWP
배당	배당성장	DGRO, VIG, SCHD
	고배당	SPYD, JEPI
	리츠	VNQ
채권	중기/장기	IAU, TLT
원자재	금/은	GLD, IAU, SLV

실제 저는 2022년 1월 정기 리밸런싱을 진행했으며, 당시성장주의 성적이 좋아 비중이 높아져 있는 상태였습니다. 다소 부진했던 배당을 저렴한 가격에 매수할 수 있는 기회였습니다. 2022년 10월 말 기준으로 하락장이 계속되고 있지만, 배

당은 잘 지켜주고 있고 성장은 많이 하락한 상태입니다. 이대로라면 내년 1월 다시 저렴해진 성장주의 비중을 채워줘야 하는 상황이 올 것입니다. 리밸런싱은 이렇게 변화된 비중을 보고 적용하는 것입니다. 2022년 성장주의 하락과 약세장을 누가 예상했을까요? 이래서 예측보다 대응이 중요하며 기계적인 리밸런싱이 필요한 것입니다.

두 번째는 '수시 리밸런싱'으로 비중 편차가 7% 이상 발생했을 때 즉시 리밸런싱을 진행합니다. 최근 코로나19 팬데믹 기간을 보면 2020년 3월 증시가 한 달도 안 되서 약 30% 하락했습니다. 이럴 때 내 포트폴리오를 보면 기존 비중에서 7% 이상 벗어난 경우가 생깁니다. 2020년에는 채권은 상승하고 성장주가 격하게 하락했죠. 이럴 때 채권을 일부 익절하고 성장주를 담는 작업을 실시합니다. 포트폴리오 투자의 장점이죠. 현금이 없을 때 상반되는 자산을 통해 현금흐름을 만들어낼 수 있습니다. 이런 경우는 7~10년에 한 번 발생하는 경제위기 때 적용하는 플랜으로 자주 발생하지 않는다는 점을 고려해 투자에 참고하면 됩니다.

지금까지 적립식으로 100만 원 투자를 위한 포트폴리오 구성과 투자 방법까지 소개해드렸습니다. 포트폴리오 구성은 대표적인 자산으로 구성했기 때문에 자신에게 맞는 투자자산으로 변경해서 투자하셔도 좋습니다. 위와 같은 방식으로 투자하면 한 달에 한 번 적립식 투자를 진행할 때 외에는 별도로 관리할 것이 없기 때문에 손도 덜 가고 꾸준히 투자할 수 있는 힘이 생기게 됩니다. 투자의 꽃은 복리효과이기 때문에 장기간 지치지 말고 투자를 이어가시길 바랍니다.

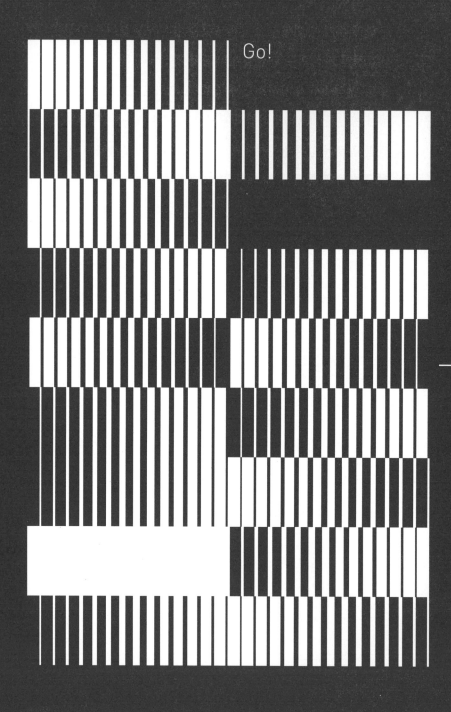
Go!

3

실전 투자의
단계

기준금리가
내 주식에 미치는 영향

투자는 경제를 읽는 눈에서 시작됩니다. 경제 흐름을 파악하지 못한다면 우리의 자산은 손에 쥔 모래알처럼 어느 순간 사라질 가능성이 높습니다. 그렇다면 어디서부터 시작하면 좋을까요? 출발점은 언제나 '금리'입니다. 국가마다 금리가 존재하고, 그중 가장 강력한 힘을 가진 미국의 기준금리는 세계시장의 중요한 나침반 역할을 합니다. 미국의 기준금리는 연방준비제도(Federal Reserve System, Fed)라는 미국 정부의 금융정책을 결정하는 최고 의사결정 기관에서 결정합니다. 기준금리를 올릴지 내릴지 결정하기 위해 연방공개시장위원회(Federal Open Market Committee, FOMC)를 열어 12명의 위원이 투표를 합니다. 7명의 연방준비제도 이사와 5명의 연방은행 총재로 구성됐으며, 그들의 목적은 물가 안정과 최대 고용입니다. 우리가 결국 봐야 할 것은 금리 뒤에 있는 물가와 고용인 것입니다.

물가가 높아지면 우리가 사용하는 재화와 서비스의 가격이 오른 것으로 영어로는 '인플레이션'이라고 말합니다. 인플레이션은 최근 이슈가 되고 있으며, 우리의 소비를 위축시키는 주요 원인입니다. 이를 해결하기 위해 연방준비제도는 기준금리를 올리는 결정을 합니다. 기준금리가 오르면 통화량이 줄고 유동성 또한 내려가죠. 반대로 현금의 가치는 올라가고 자연스럽게 물가는 내려오게 됩니다. 물가가 잡히지 않는다면 계속 기준금리를 올릴 것이고, 반대의 경우에는 '디플레이션'으로 물가가 하락하는 경우입니다.

한마디로 기준금리를 올린다는 것은 현금의 가치가 상승하는 것입니다. 이런 때는 재화를 구매하는 것보다 현금을 보유하는 것이 바람직합니다. 최대 고용은 실업률이 어떻게 되느냐가 중요하며 매달 발표하는 미국 실업률은 기준금리 변화에 중요한 지표가 됩니다. 고용이 불안해 실업률이 높아지면 금리를 낮춰 기업의 자금 상황이 개선되도록 유도하고, 활발한 고용을 이끌어낼 수 있도록 도와줍니다. 반대로 완전고용에 가까운 상태가 되면 물가에 포커스를 맞춰 행동합니다. 연방준비제도는 기준금리 변화로 모든 것을 컨트롤하기 어렵기 때문에 추가 옵션을 하나 더 갖고 있는데, 그것은 바로 보유 중인 자산을 늘리거나 줄이는 양적긴축(Quantitative Tightening, QT)과 양적완화(Quantitative Easing, QE)입니다.

지금까지 어렵게 이야기했지만 결국 미국은 안정적인 물가와 최대 고용을 위해 기준금리를 움직입니다. 효과를 높이기 위해 돈을 풀거나(양적완화) 돈을 회수하며(양적긴축) 완급조절을 합니다. 기준금리 변화로 인해 돈의 흐름이 바뀌고, 소비자의 행동이 변하면서 기업의 매출과 이익에 영향을 미치죠. 우리가 투자하는 기업의 실적이 바뀌면 당연히 투자하는 우리의 계좌의 수익률도 달라집니다. 그래서 우리는 도미노효과처럼 시작점에 있는 기준금리의 변화를 지켜봐야 합니다. 기준금리에 영향을 주는 중요한 경제지표 6가지를 살펴보겠습니다.

첫 번째는 앞에서도 잠깐 언급한 직관적으로 확인할 수 있는 미국 실업률입니다. 코로나19로 온 세상이 힘들었던 지난 2020년 4월 미국 실업률은 14.7%를 기록했습니다. 이는 역사상 최고 높은 수치를 나타낸 것입니다. 실업률이 증가할 수밖에 없었던 것은 전염병으로 인한 방역과 격리 조치가 필요했기 때문입니다. 이때 세계 증시는 혼돈에 빠졌으며, 경제위기에 봉착했습니다. 연방준비제도는 실업률 증가를 미리 예견했고, 완전고용에서 멀어지고 있음에 즉각적인 대응으로 1.75%였던 기준금리를 0.25%까지 단번에 내렸습니다.

통화량과 유동성 확보를 위해 추가로 양적완화(QE)까지 진행하면서 경제를 살리기 위한 심폐소생을 실시했습니다. 연방준비제도의 이런 행동은 주식시장에서는 호재로 받아들였고, 돈이 풀리는 만큼 자산시장에 큰 파도가 몰려왔습니다. 미국 증시는 V자 반등이 나왔죠. 미국뿐 아니라 다른 국가에서도 당연히 덩달아 돈을 풀었고, 그 돈의 양은 어마어마했기에 1년이 넘도록 전 세계 주식시장은 호황을 맞았습니다.

이런 경제 흐름을 파악하지 못했다면 급격한 증시하락에 손절하는 잘못을 범할 수 있습니다. 실제로 개인 투자자 중에 2020년 격하게 상승한 증시에서 수익을 내지 못한 투자자가 많다고 합니다. 안타까운 현실입니다. 독자님들은 앞으로 다가올 동일한 맥락을 놓치지 않기를 바랍니다. 어떤 형태로 경제위기가 발생할지 아무도 모르지만, 경제 흐름은 같은 원리로 움직이기 때문에 기준금리를 중심으로 발생하는 상황을 파악하길 바랍니다. 2022년 10월 현재는 실업률 3.7%로 완전고용이라고 볼 수 있는 상태며, 이럴 때는 고용이 아닌 물가에 포커스를 맞춰야 합니다.

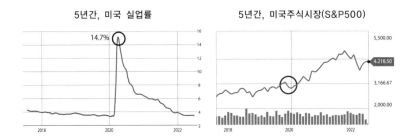

5년간, 미국 실업률

5년간, 미국주식시장(S&P500)

   두 번째는 물가의 방향을 확인할 수 있는 소비자물가지수 (Consumer Price Index, CPI)를 살펴보겠습니다. 실제로 소비자가 시장에서 구매하는 물품이나 서비스를 이용하며 지불하는 금액을 지수화한 것이 소비자물가지수입니다. 10년 전 김밥이 1,000원이었는데, 지금은 3,000원 넘게 줘야 하듯 물가는 올라갈 수밖에 없습니다. 하지만 그 상승폭이 심하면 생활에 문제가 발생합니다. 갑작스러운 배춧값 상승은 김치를 '금치'로 만들듯이 물가는 천천히 안정적으로 올라야 하며, 연방준비제도가 그 속도를 제어하는 역할을 합니다.

   2020년부터 시작된 엄청난 연방준비제도의 돈 풀기는 2021년부터 물가상승 속도를 증가시켰습니다. 전년 대비 증가율로 확인하는 소비자물가지수는 2022년 6월 전년 대비 9.1% 올랐습니다. 이는

1981년 11월 이후 최대 상승폭을 보인 것입니다. 상승폭이 줄어들면 물가가 잡힌다는 신호고, 반대로 상승폭이 계속 올라가면 물가상승이 더욱 격화되는 신호이기 때문에 조심해야 합니다. 이럴 때 물가를 잡기 위해 연방준비제도는 금리를 올리는 처방을 내립니다. 시장이 건강하다면 금리를 격하게 올려 물가를 빨리 잡으려고 노력합니다.

금리인상의 정도를 가지고 부르는 용어로는 베이비스텝(0.25%p), 빅스텝(0.50%p), 자이언트스텝(0.75%p), 울트라스텝(1.00%p)이 있습니다. 2022년 6월부터 자이언트스텝 금리인상을 3번 연속 진행하며 1%였던 기준금리가 단번에 3.25%까지 올라갔습니다. 소비자물가지수는 6월 9.1%였는데, 7월 8.5%로 상승폭이 줄어들다가 8월 고개를 들었습니다. 증시는 물가를 잡을 수 있다는 기대감으로 상승했다가 다시 내려온 상태죠. 당연히 물가상승률이 작년 대비 상승하고 있는 모습은 역시나 좋지 않습니다. 하지만 이미 시장은 최악을 반영한 시점으로 바닥에서 반등할 준비를 하고 있죠. 주식은 미래의 가능성에 투자하는 것이기 때문에 선반영되는 경향이 있습니다. 그래서 투자자는 앞뒤 상황을 파악한 후에 대응하는 것이 좋습니다.

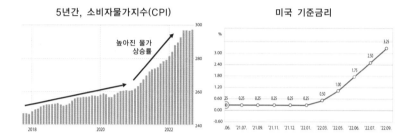

세 번째는 기업의 동태를 살펴볼 수 있는 구매관리자지수 (Purchasing Manager's Index, PMI)를 살펴보겠습니다. 기업은 소비자가 필요한 것을 판매하거나 서비스를 제공하며 사람을 고용하는 주체입니다. 연방준비제도의 2가지 목적 중 하나인 최대 고용을 실천하는 곳이 기업입니다. 직장을 갖게 된 사람들은 급여를 받고, 다시 소비하며 돈이 순환하는 경제를 만듭니다. 여기서 물건이 얼마나 판매되고 서비스가 사용될지 예측하고 원자재 및 물품을 미리 준비하는 사람이 구매관리자입니다.

예를 들어 자동차 제조기업에서는 향후 주문 수량에 따라 생산 결정을 내리고, 철강과 플라스틱, 반도체 등 필요한 자재를 주문합니다. 이를 결정하는 것이 구매관리자의 역할입니다. 다양한 산업에 종사하고 있는 구매관리자의 예측은 가까운 미래의 동향을 간접적으로 확인할 수 있는 중요한 역할을 합니다. 이를 측정한 것이 구매관리자지수(PMI)이고, 총 19개 업종 400개 이상의 회사에 근무하는 구매관리자들이 설문조사를 통해 데이터가 산출됩니다. 구매관리자지수는 50을 기준으로 높으면 경기확장을, 낮으면 경기축소를 의미합니다.

또한 전월 대비 올랐는지 내렸는지를 보고 상승과 하락추세를 예상할 수 있습니다. 최근 움직임을 살펴보면 2020년 초에 코로나19 팬데믹으로 50 밑으로 내려왔고, 미국 증시도 함께 무너졌습니다. 3개월 뒤 구매관리자지수는 다시 50 위로 올라왔고, 미국 증시도 급등이 나왔습니다. 2021년 하반기부터 지수가 다시 하락추세를 보이니 증시도 함께 빠졌습니다. 이처럼 미국의 구매관리자지수와 증시는 함께 움직이는 것을 알 수 있습니다. 미국뿐 아니라 중국도 비슷한 모습을 보이고 있습니다. 2022년 중국 봉쇄로 제조업의 업황이 좋지 못했는데, 여지없이 구매관리자지수가 50 아래로 내려간 것을 확인할 수 있습니다.

미국 구매관리자지수(PMI)

중국 구매관리자지수(PMI)

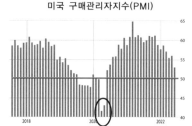
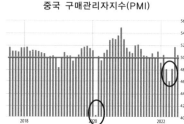

　네 번째로 연방준비제도에서 위기를 극복하기 위한 수단으로 등장하는 M2 통화량이 있습니다. M2라고 이야기하니 M0, M1이 당연히 있을 것 같죠? 있습니다! M0은 은행에 있는 현금과 중앙은행에 있는 예금을 합한 액수입니다. 즉 은행에서 실제 가지고 있는 아직 유통되지 않은 현금이 M0입니다. M1은 요구불예금을 이야기하는데 쉽게 돈을 맡긴 사람이 즉시 인출을 원할 때 인출 가능한 예금을 말합니다. M0과 M1은 주식에 큰 영향을 끼치지 않습니다. 그런데 오늘의 주인공 M2는 시중에 풀린 현금유동성을 나타내는 지표로 주식시장의 흐름을 파악하는 데 도움이 됩니다.

　우리가 쓰는 돈은 대부분 기존에 풀린 현금유동성으로 움직이는 것인데, 소비가 위축되거나 경제위기 상황이 발생하면 유동성을 높이기 위해 M2를 증가시킵니다. 주식시장에 유동성이 공급되면 자연스럽게 증시는 상승합니다. 가뭄이 오면 댐의 수문을 열어 갈라진

토양에 물을 주듯, M2 통화량은 댐의 문이 열리고 닫히는 것을 확인할 수 있는 장치입니다.

코로나19 발생으로 연방준비제도에서는 엄청난 유동성을 공급했습니다. 이를 양적완화(QE)라고 하며 최근에는 반대로 양적긴축(QT)을 진행해 통화량을 줄이고 있습니다. 통화량의 증가폭을 보면 증시의 방향을 예측할 수 있습니다. 돈이 풀리는 시기에는 당연히 주식시장에는 호황이 찾아옵니다. 큰 경제위기 뒤에 찾아오는 양적완화(QE)는 상승의 신호탄임을 알고 대응해야 합니다. 한 가지 더 우리가 알아야 할 것은 통화량이 늘어난다는 것은 돈의 가치가 하락한다는 이야기입니다. 이런 시기에는 돈을 들고 있는 것보다 주식과 부동산과 같은 돈과 교환이 가능한 자산을 갖고 있는 것이 유리합니다.

코로나19 팬데믹 이후 증가한 미국 M2 통화량

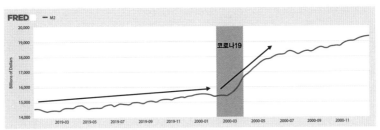

출처:FRED, 기간:2019.01~2020.12.31

다섯 번째는 경제위기를 미리 눈치챌 수 있는 강력한 신호인 장단기금리차를 살펴보겠습니다. 장기금리(10년)보다 단기금리(2년)가 더 높을 때 장단기금리가 역전됐다고 합니다. 이는 경제위기 신호로 받아들여지죠. 코로나19 발생 직전에도 장단기금리 역전이 일어났으며, 과거 수 차례 경제위기 발생 전에 장단기금리는 역전됐습니다. 아래 표를 보면 '장기금리(10년) - 단기금리(2년) = 장단기금리차'라고 부릅니다. 이 값이 0 이하로 내려갔던 1978년, 1988년, 1998년, 2005년, 2019년은 2년 이내에 모두 경제위기가 찾아왔습니다.

대표적으로 2000년 IT 버블, 2008년 리먼 브라더스 사태, 2021년 코로나19 팬데믹이 있었습니다. 최근 2022년 7월 다시 장단기금리가 역전되는 일이 벌어졌습니다. 앞으로 2년 이내 경제위기가 찾아올 가능성이 크다는 것입니다. 그렇다면 당장 주식을 모두 팔고 현금을 보유하는 것이 맞을까요? 장단기금리가 역전되고 오히려 증시는 반등하는 경우가 많습니다. 코로나19 이후 급격한 상승장을 경험한 투자자라면 이해할 것입니다. 그때 하락하는 증시를 보고 공포에 주식을 팔고 현금을 들고 있던 투자자는 모두 후회하고 있습니다. 경제위기를 생각해보면 보통 호황을 맞이한 다음 아무도 모르게 하락이 발생합니다. 상승장에 취해 눈앞의 낭떠러지를 보지 못하는 불상사를 막기 위해 날짜를 기록해놓는 것이 좋습니다.

2022년 7월 장단기금리가 역전됐으니, 앞으로 짧게는 6개월(2023년 1월), 길게는 2년(2024년 7월)을 생각하고, 수익의 일부는 달러 자산을 보유하고 있는 것이 좋습니다. 포트폴리오를 구성해 투자하고 있다면, 포트폴리오 구성 종목 중 하나의 자산으로 달러를 추가하는 것을 추천합니다. 이런 지표를 보고 대응하는 것은 리스크를 줄이기 위한 작업으로, 실제의 경우 리스크는 발생하지 않을 수도 있습니다. 하지만 위험한 일이 벌어졌을 경우도 대응만 잘하면 그 위기를 기회로 만들 수 있는 좋은 상황이 펼쳐질 것입니다.

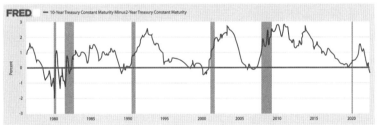

미국 장단기금리차

미국 장단기금리차(10년, 2년)

출처: FRED, 기간: 1976.06.01~2020.08.12

여섯 번째, 사람의 투자심리를 파악할 수 있는 공포탐욕지수(CBOE Volatility Index, VIX)를 살펴보겠습니다. 기업의 주가가 움직이는 큰 요인 중 하나가 바로 투자심리입니다. 사람의 심리가 투자에 반영

되지 않는다면 주식시장은 변동성이 적고 아주 평온한 시장이 될 것입니다. 하지만 사람의 탐욕과 공포로 인해 주식시장은 매 순간 살아 숨 쉬듯 움직입니다. 이를 대표적으로 보여주는 것이 공포탐욕지수입니다. 일명 빅스(VIX)라고 부르며 증시가 폭락할 때면 어김없이 빅스지수는 하늘을 뚫을 듯 올라갑니다.

과거 2008년 리먼 브라더스 사태가 발생한 후 투자심리는 위축됐고, 공포가 쌓이면서 빅스지수는 계속 올라갔습니다. 빅스지수는 보통 10~20 사이에서 움직이는데 30, 40, 50 계속 올라가던 빅스지수가 2008년 11월 20일 정점을 찍었습니다. 빅스지수가 80.86을 기록하는 순간이었는데, 여기서 투자자라면 역발상이 필요합니다. 공포가 극에 달하고 증시가 많이 빠졌을 때가 오히려 기회인 것입니다.

실제 그 당시 2008년 11월 나스닥은 바닥을 찍은 뒤 반등하기 시작했습니다. 정확한 바닥을 맞추기는 것은 불가능에 가깝습니다. 하지만 대다수 투자자가 공포에 질려 저평가된 기업을 매수하지 못할 때 용기를 내야 투자에 성공할 수 있습니다. 쉬운 이야기 같지만 실제로 공포가 찾아오면 투자 대가도 평상심을 유지하기 어렵습니다. 많은 데이터와 학습 그리고 경험이 있어야 투자력이 올라가고 냉철한 판단을 할 수 있습니다. 그런 시기가 찾아오면 다시 이 이야기를 떠올려 냉정을 찾기 바랍니다. 앞에서 이야기한 장단기금리차는 경제위기의 시작을 예상할 수 있는 지표입니다. 그리고 빅스지수는 하락의 끝을 예상해볼 수 있는 지표입니다. 경제위기에 2가지 지표를 꼭 확인해야 합니다.

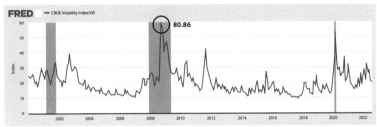

기간별 빅스지수(공포탐욕지수)

공포탐욕지수

출처:FRED, 기간:2000.01.01~2020.08.12

　지금까지 기준금리가 변하면 우리 주식에도 영향을 끼치는 것을 파악했습니다. 기준금리를 움직이는 연방준비제도가 어떤 흐름을 보고 판단하는지 알아봤습니다. 대표적인 경제지표 6가지(실업률, 소비자물가지수, 구매관리자지수, M2 통화량, 장단기금리차, 공포탐욕지수)가 있었습니다. 실업률, 소비자물가지수, 구매관리자지수는 발표되는 숫자를 봐야 합니다. 하지만 그보다 연방준비제도의 의도를 파악하는 것이 더 중요합니다. 그들의 목표는 언제나 물가 안정과 최대 고용을 최우선으로 합니다. 그렇기 때문에 증시는 결국 우상향하게 되어있습니다.

그 우상향 속에 경제위기를 통한 굴곡이 발생합니다. 이는 장단기금리차와 공포탐욕지수를 보면서 대비하는 것이 좋습니다. 단기적인 경제 흐름과 타이밍이 중요하지 않은 투자자라면 예민하게 보지 않아도 되는 부분일 수 있습니다. 하지만 이런 상황을 알고 대응하는 사람과 모르고 당하는 사람은 위급상황에서 대처하는 방식이 확연히 다를 것입니다. 누군가는 하락의 이유를 모른 채 공포를 못이기고 매도하고, 누군가는 즉흥적인 마음으로 변동성이 큰 종목을 매수하는 우를 범하기도 합니다.

위 6가지 지표와 연방준비제도의 움직임을 파악하고 있다면 실수는 하지 않을 것입니다. 오히려 위기를 기회로 활용할 수 있는 용기를 갖는 힘을 기를 수 있습니다. 아는 만큼 보이듯 꾸준히 적립식으로 장기 투자를 하더라도, 경제 흐름을 파악하는 것은 중요한 일입니다. 한 달에 한 번 나오는 지표이니 매달 초에 확인하는 습관을 들이길 바라며, 수페TV 멤버십에서는 매달 이런 내용을 브리핑하고 있습니다. 여러 지표를 바탕에 깔고 경제 뉴스를 보면 투자자로서 넓은 시야를 갖게 될 것입니다.

여러 경제지표를 보는 법

•••••

구독자 사연 06

—

각종 경제지표는 어디에서 볼 수 있나요?

투자하는 사람들이 많아지면서 경제지표를 다양한 사이트가 제공해주고 있습니다. 미국의 경제지표는 대부분 연방준비은행(fred.stlouisFed.org)에서 확인할 수 있습니다. 간단히 찾는 방법을 알려드리겠습니다. 연방준비은행에 들어가면 아래처럼 화면이 나오는데요. 여기서 검색탭에 원하는 경제지표를 찾으면 됩니다. 영어로 입력해야 하기 때문에 저처럼 영어가 어색한 분은 검색 키워드를 보고 입력하면 됩니다. 발표 일정을 월 1회로 하며 미국 실업률은 매달 첫 번째 금요일, 미국 소비자물가지수(CPI)는 10~15일 사이에 발표하는데요. 기준금리 변동성이 높은 시기에는 경제지표를 꾸준히 모니터링하는 것이 좋습니다.

연방준비은행 홈페이지 화면과 검색 키워드

추가로 네이버에서도 검색할 수 있는 미국 경제지표가 있으며, 실업률, 소비자물가지수, 기준금리 등은 아래처럼 한글로 검색하는 것이 가능합니다.

네이버를 활용한 미국 경제지표 검색

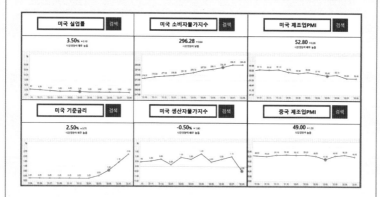

기술적 분석과 가치평가
그 사이 어딘가

    기업의 매출과 이익은 하루 만에 큰 변화가 일어나지 않습니다. 하지만 기업의 주가는 매일같이 움직입니다. 왜 그럴까요? 기업의 가치가 매일 바뀌는 것은 아니지만, 이를 바라본 투자자의 마음은 1분 1초 매 순간 변하기 때문입니다. 간혹 기업의 미래가 어둡다는 이슈가 발생되면 투자심리가 위축되고, 공포에 질려 투매가 나와 갑자기 주가 폭락이 일어납니다. 메타(페이스북)와 넷플릭스는 이용자 감소와 미래에 대한 전망이 좋지 않게 평가되자 50%이상 하락하며 고배를 마셨습니다. 기업이 물건을 덜 파는 것도 아니고, 서비스 제공을 멈춘 것도 아닌데 이런 일들은 수시로 발생합니다. 여기서 우리가 명심해야 할 것은 투자는 항상 미래를 향하고 있다는 것입니다. 과거 얼마나 매출이 좋았고 이익을 많이 발생시켰는지는 그렇게 중요하지 않습니다. 앞으로 얼마나 대단한 기업이 되고, 지금의 매출을 유지하거나 발전시키는지가 투자의 이유가 되어야 합니다.

추가로 우리가 알아야 할 것은 기업의 미래가치는 대부분 주가에 이미 반영됐다는 것입니다. 그래서 기업의 미래가 불투명할수록 가치는 하락하고 주가도 함께 내려가는 것입니다. 반대로 해가 지날수록 미래가 유망할 것으로 판단되는 기업은 꾸준히 우상향할 것입니다. 그런 대표적인 기업으로 테슬라가 있습니다. 그렇다면 앞으로 잘될 기업을 어떻게 찾을 수 있을까요? 준비된 선수가 우승을 차지하는 것입니다. 가치평가를 통해 준비된 기업을 찾아야 손실을 줄이고 수익을 늘릴 수 있습니다.

투자를 고려한 기업의 재무제표가 건강하고 적정 주가인지 살펴야 합니다. 그 기업이 속한 산업의 업황이 밝고, 기업의 점유율이 늘어나고 있는지 파악해야 합니다. 즉 과거를 보고 미래를 평가하는 것으로, 이런 가치평가는 투자를 결심하는 데 도움이 됩니다. 매력적인 기업을 찾았다면, 이제 투자하면 됩니다. 바로 다음 날 매수하면 될까요?

여기서부터 기술적 분석을 해야 합니다. 기업의 주가는 매일 움직이기 때문에 최대한 싸게 매수하기 위해 분할매수는 기본입니다. 다양한 분석을 통해 저가 매수해야 합니다. 그리고 매수 이후에는 주기적으로 기업의 실적과 미래 전망을 살펴봐야겠죠. 처음에 생각한 투자아이디어와 바뀐 것은 없는지 모니터링합니다.

좋은 기업을 찾고 투자하는 데 뭔가 복잡해 보이죠? 앞의 실전 투자에 대한 이야기를 간단히 3가지로 나눠보겠습니다. 1단계는 기업을 선별하는 가치평가 구간입니다. 2단계는 최대한 싸게 매수하기 위한 기술적 분석입니다. 3단계는 주기적인 관리하는 모니터링입니다. 1단계와 3단계를 무시하고 2단계만 진행하는 투자자는 단기 투자자입니다. 이 경우 차트를 보며 매일 거래하는 트레이딩을 해야 하는데 쉽지 않은 선택입니다.

실제로 트레이딩만으로 꾸준히 수익을 늘려가는 투자자는 많지 않습니다. 워런 버핏을 비롯해 많은 투자 대가들이 그랬듯, 우리도 좋은 기업과 종목을 선택했다면 장기 투자해야 합니다. 꾸준히 수익을 늘려가는 복리투자를 해야 하는 것입니다. 그러려면 1, 2, 3단계를 모두 거친 투자를 해야 하죠. 이제부터 3단계를 하나씩 자세히 살펴보겠습니다. 3단계를 모두 돌파하면 우리의 투자력은 급상승할 것입니다.

실전 투자 1단계
가장 쉬운 기업분석 10가지

기업을 평가한다고 생각하면 전문가만 할 수 있고, 자신이 하면 틀릴 것 같은 생각이 들 수 있습니다. 그렇다면 돈을 주고 투자를 전문가에게 맡겨야 합니다. 독자님은 과연 그렇게 할 것인가요? 만약 아니라면 막막한 두려움보다 어떻게 하면 자신이 분석할 수 있을지 노력해야 합니다. 기업을 평가할 때 성장기업과 배당기업에 따라 다르게 봐야 할 것들이 존재합니다. 이를 제가 기업을 평가할 때 꼭 살펴보는 10가지 공통항목으로 쉽게 풀어 설명해보겠습니다. 투자하고 있는 기업이나 투자 고려 중인 기업이 있다면, 지금부터 소개하는 10가지 항목을 직접 대입하면서 검토하길 바랍니다.

① 매출(Revenue)

매출은 기업이 얼마나 돈을 벌었는지 직관적으로 보여주는 숫자입니다. 애플이 100만 원짜리 아이폰 10대 팔았다면 1,000만 원의 매출이 발생합니다. 애플은 아이폰 외에 맥북, 애플워치, 애플TV 등 다양한 제품과 서비스를 판매하는 기업이죠. 매출구조가 다각화되어 있습니다. 반면 메타의 매출은 대부분 광고 수익입니다. 그렇기 때문에 쏠림 현상이 심하며 광고 산업의 업황에 따라 주가변동성이 큽니다.

투자기업의 매출구조를 파악하는 것은 기업분석의 첫 번째 단계입니다. 이는 어떤 색깔의 기업인지 알려주는 중요한 지표입니다. 매출구조를 알았다면 이제 매출이 꾸준히 성장하는지 체크해야 합니다. 모든 숫자는 작년보다 올해, 올해보다 내년이 좋아야 성장하는 기업으로 좋은 평가를 받습니다. 애플은 아이폰이 출시되는 4분기 매출이 높기 때문에 전년 4분기 대비 비교하는 것이 좋습니다. 이렇게 주기 혹은 계절성을 띠는 기업도 존재하므로, 기업의 특성을 파악해 분석해야 합니다.

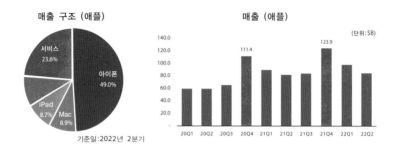

애플의 매출구조

매출 구조 (애플)

- 서비스 23.6%
- 아이폰 49.0%
- iPad 8.7%
- Mac 8.9%

기준일:2022년 2분기

매출 (애플)

(단위:$B)

111.4 (20Q4)
123.9 (21Q4)

20Q1 20Q2 20Q3 20Q4 21Q1 21Q2 21Q3 21Q4 22Q1 22Q2

② 영업이익(Operating income)

매출이 아무리 높아도 실제로 기업이 가져가는 이익이 적다면, 그 기업은 오래가지 못합니다. 매출 성장과 함께 꼭 봐야 할 것이 영업이익입니다. 이는 매출에서 매출원가와 판매관리비를 제외한 금액입니다. 애플의 아이폰이 100만 원이라면 그 속에 숨어있는 원가, 광고비, 직원급여 등을 제외해야 실제 영업이익을 알 수 있습니다. 모든 것을 제외하고 30만 원이 남는다면 영업이익률이 30%입니다. 제품이 아닌 서비스를 판매하는 경우에는 원가비용이 절감되어 영업이익률이 높아집니다.

지금까지 이야기한 것은 세금을 고려하지 않은 활동에 대한 내용입니다. 법인세를 빼고 나면 정말 기업이 순수하게 가져가는 당기순이익이 나옵니다. 간혹 세금을 제외했는데 오히려 영업이익보다 당기순이익이 높게 나오는 기업이 있습니다. 이런 경우는 기업이 영업이익 외에 이익이 발생한 것으로 보통 채권, 주식, 선물 옵션 등의 수익을 말합니다. 영업이익보다 당기순이익이 높으면 좋아해야 할까요? 기업의 미래가치를 보고 투자했다면, 단기로 발생한 투자수익을 좋아해서는 안 됩니다. 오히려 본업에 집중하지 못하는 이유가 무엇인지 분석하고, 기업의 미래가치가 훼손되지 않았는지 고민해야 할 부분입니다.

③ 주당순이익(Earning per share, EPS)

미국 주식 투자를 하면 실적발표 때마다 보는 것이 매출과 EPS입니다. EPS는 1주당 수익이 얼마나 되는지 확인하는 지표로 전체 주식 수를 당기순이익으로 나누면 됩니다. 기업마다 주식 수가 다르기 때문에 상대평가는 의미가 없습니다. 여기에서는 해당 기업의 과거 대비 얼마나 돈을 잘 벌고 있는지 체크할 수 있습니다. EPS는 당기순이익으로 계산하기 때문에 기업의 영업이익 외에 다른 이익이 포함되어 있는지 꼭 영업이익과 함께 봐야 합니다. 그리고 EPS의 분모에 들어가는 것이 총주식 수입니다. 그렇기 때문에 EPS가 낮아지면 안 되겠죠. 그래서 기업은 함부로 주식 수를 늘릴 수 없습니다.

만약 주식을 늘려 EPS가 내려가면 투자자는 이를 기업의 가치가 훼손된 나쁜 신호로 받아들입니다. 그러나 이제 시작하는 혁신기업이라면 부득이하게 주식 수를 늘려 기업의 성장에 힘을 써야 합니다. 테슬라도 2021년까지 꾸준히 주식 수를 늘려 많은 공장과 직원을 채용하며 규모를 키우는 데 집중했습니다. 그동안 규모를 키운 테슬라는 주식 수를 더이상 늘리지 않고 있습니다. 오히려 테슬라는 자사주를 매입해 주식 수를 줄이는 방향으로 가겠다고 밝혔죠.

혁신기업이 성장궤도에 오르면 이런 결단이 필요합니다. 애플은 최근 10년간 자사주를 꾸준히 매입했습니다. 애플의 260.32억 개였던 주식 수가 160.21억 개로 38.4% 감소했습니다. 10년 전 100만 원의 가치가 있던 주식이 162만 원의 가치로 올라왔다는 것입니다. 이는 주식 수 감소로만 이뤄낸 성과입니다.

EPS를 높이는 방법으로 분모에 해당하는 주식 수를 줄이는 방법 외에 당기순이익을 높이는 방법이 있습니다. 애플의 경우에는 주식 수 감소와 함께 매출과 순이익도 증가했기에 때문에 주가는 더 큰 상승을 만들어냈습니다. 이처럼 EPS는 주식 수를 얼마나 줄여가며 이익을 잘 내고 있는지 볼 수 있는 간단하고 명확한 지표입니다.

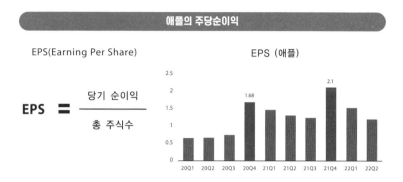

④ 영업현금흐름(Operating cash flow)
—

영업현금흐름은 말 그대로 영업활동에 의해 현금이 들어오고 나가는 것을 말합니다. 들어온 돈은 매출, 이익, 예금이자, 배당수입 등이 있고요. 나간 돈은 판공비, 대출이자, 법인세 등이 있습니다. 영업현금흐름이 중요한 이유는 회사가 얼마나 잘 굴러가고 있는지 보여주기 때문입니다. 영업현금흐름을 악화시키는 요인으로 판매 부진, 경쟁 심화, 부실한 거래처, 무리한 사업 확장 등이 있습니다. 이런 말만 들어도 현금유입이 축소되고 유동성이 낮아질 것 같지 않은가요?

기업의 좋지 않은 신호는 영업현금흐름으로 파악이 가능합니다. 반대로 영업현금흐름이 점점 높아지는 것은 사업 경쟁력이 강화되거나 부실한 거래처가 사라지거나 사업 확장에 성공하는 경우입니다. 추가로 영업현금흐름이 추세에 따라 배당금이 증가하거나 낮아질 수 있습니다. 배당기업 투자자라면 이 점을 꼭 체크해야 합니다. 영업현금흐름이 좋은 배당기업으로 유나이티드헬스케어(UNH)가 있습니다. 이 기업은 최근 10년간 꾸준히 영업현금흐름이 상승한 것을 알 수 있습니다. 배당금도 꾸준히 상승했으며, 연평균 배당성장률이 25%에 달하는 높은 성적을 뽐내고 있습니다.

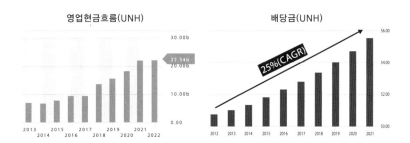

⑤ R&D투자(R&D expenses)

성장기업에 투자하면 가장 걱정되는 부분이 이 기업이 지속적인 성장을 이어갈 수 있을까 하는 의문일 것입니다. 미래에서 온 것이 아니라면 정확히 대답할 수 있는 사람은 없습니다. 그렇다면 우리가 봐야 할 것은 해당 기업이 얼마나 열심히 성장하기 위해 노력하고 있는지 객관적인 숫자로 볼 수 있는 지표가 바로 R&D투자입니다. 투자를 한다고 무조건 잘 되는 것은 아니지만, 그 기업이 얼마나 미래 성장에 진심인지를 가늠해볼 수 있는 대목입니다. 어느 기업이 돈과 시간을 쓸모없는 곳에 쓸까요? 돈이 있는 곳에 그들이 바라보는 기업의 비전이 담겨있기 마련입니다.

애플은 2019년에 칩 내재화를 위해 10억 달러에 인텔 모뎀 사업부를 인수했습니다. 그리고 이듬해인 2020년 자체 설계 프로세서 M1이 탑재된 맥(MAC)을 공개했습니다. 2021년에는 6G 무선 기술개발 및 칩 설계 담당자 인원을 보충하는 등 다양한 투자를 병행했습니다. 그 결과 현재 M2라는 괴물 칩이 탄생했습니다. 이제 애플은 칩 내제화의 성공뿐 아니라 반도체 기업에 영향력을 발휘할 수 있는 수준까지 올라온 상태입니다. 기업이 어느 곳을 보고 투자하는지 생각하면 그 기업의 미래를 예측해볼 수 있습니다. R&D투자를 꾸준히 늘려가는 기업은 성장의 불꽃을 계속 태우는 땔감이 충분한 기업입니다.

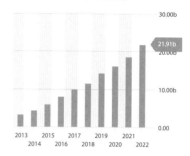

2021년 R&D 투자 순위와 애플의 R&D 투자

2021년 R&D투자 순위

순위 2021	순위 2020	기업	R&D투자액	국가	전년비	R&D 집중도	CAPEX
1	1	알파벳	224억7010만	미국	6.0%	15.1%	181억5750만
2	3	화웨이	174억6010만	중국	6.7%	15.7%	53억8800만
3	2	마이크로소프트	168억8210만	미국	7.5%	12.3%	168억550만
4	4	삼성전자	158억9490만	한국	5.1%	9.0%	301억6430만
5	5	애플	152억8160만	미국	15.6%	6.8%	59억5630만
6	7	메타	150억3300만	미국	35.6%	21.5%	123억1770만
7	6	폭스바겐	138억8500만	독일	-2.9%	6.2%	112억7300만
8	9	로슈	112억4670만	스위스	3.9%	20.8%	32억6490만
9	8	인텔	110억4720만	미국	1.5%	17.4%	116억2010만
10	10	존슨앤존슨	99억870만	미국	7.1%	14.7%	27억2760만

단위:유로, 출처:EU 집행위원회

R&D투자 (애플)

⑥ 배당성장률(Dividend growth rate)

―

기업이 주주에게 배당을 준다는 것은 돈을 벌고 있다는 증거입니다. 기업에 이익이 생겼으니 주주에게 환원하는 것이죠. 그렇다면 돈을 잘 벌고 있다는 증거는 무엇일까요? 그것은 바로 배당금을 늘리는 것입니다. 매년 배당금을 늘린 기업은 매년 이익이 증가하는 건강한 기업입니다. 조금 더 깊이 생각하면 배당금을 얼마나 많이 꾸준히 늘리는지 확인하면, 그 기업이 얼마나 성장을 꾸준히 해왔는지 예상할 수 있습니다. 이를 확인할 수 있는 것이 배당성장률입니다.

앞에서 여러 번 언급했지만, 미국에서는 배당을 꾸준히 늘려온 기업을 배당 귀족주(25년 이상)와 왕족주(50년 이상)라고 부릅니다. 2000년부터 2021년까지 연평균 배당성장률이 높은 기업을 선별하면 아래 표와 같습니다. 표의 양쪽 모두 포함된 로우스 컴퍼니(LOW)란 기업은 주택 개조회사로 유지 보수, 수리, 리모델링 및 장식 등 집을 꾸미는 데 필요한 제품을 제공하는 회사입니다. 이 기업은 50년 넘게 배당을 꾸준하게 많이 늘려온 모습을 보였습니다. 이를 통해 얼마나 건강하게 기업을 키워왔고, 주주 친화적인 회사인지 알게 해줍니다.

연평균 배당성장률이 높은 기업

배당성장률 TOP5(왕족주)

기업명	티커	배당성장률
1.로우스	LOW	23.2%
2.컴퓨터서비스	CSVI	16.1%
3.타겟	TGT	13.8%
4.MSA 세이프티	MSA	13.1%
5.일리노이 툴 웍스	ITW	12.7%

기간:2000년~2021년

배당성장률 TOP5(귀족주)

기업명	티커	배당성장률
1.티로웨프라이스	TROW	23.2%
2.로우스	LOW	16.1%
3.카디널 헬스	CAH	13.8%
4.익스페디터	EXPD	13.1%
5.맥도날드	MCD	12.7%

기간:2000년~2021년

⑦ 자기자본이익률(Return on equity, ROE)

친구들과 주식에 대한 이야기를 할 때면 먼저 수익률이 얼마인지 묻습니다. 누가 더 투자를 잘했는지 배틀하듯 이야기하죠. 투자자는 수익률로 말하듯 기업은 자기자본이익률(ROE)로 얼마를 벌었는지 대답합니다. 여기서 중요한 것은 대출(부채)을 제외하고, 온전히 자신이 가진 자본을 기준으로 수익률을 말해야 한다는 것입니다.

만약 1억 원의 투자금을 넣고 1,000만 원을 벌었다면 ROE 10%입니다. 동일한 투자금 1억 원에다가 부채 1억 원을 추가로 투자한 결과 2,000만 원을 벌었다면 ROE 20%가 됩니다. 내 투자금은 동일하지만 부채를 활용해 수익이 2배로 늘었기 때문에 ROE도 2배로 증가한 것입니다. ROE는 내 돈(자기 자본금) 대비 얼마의 돈을 벌었느냐를 나타내는 것이죠. 그런데 그 뒤에 숨은 의미는 얼마나 레버리지를 일으켰고, 이를 잘 활용해 수익을 극대화시켰느냐를 묻는 것입니다.

애플과 삼성전자 중 누가 ROE가 높을까요? 2021년 기준으로 삼성전자가 14%, 애플이 150%입니다. 애플의 영업이익률이 높기 때문에 삼성전자보다 ROE가 높아야 하는 것은 맞습니다. 하지만 10배 이상 차이 나는 것은 레버리지 때문입니다. 레버리지 비율을 보면 삼성전자 143%, 애플 556%로 애플이 압도적으로 더 많은 돈을 빌렸습니다. 애플은 이를 활용해 수익 또한 높였습니다. 이러한 이유로 둘은 비교할 수 없는 ROE의 차이를 보였습니다.

여기서 우리는 냉정하게 생각해볼 필요가 있습니다. '나는 레버리지를 일으켜 1년에 14% 이상 수익을 낼 수 있는가?' 그럴 수 있는 투자자라면 삼성전자에 투자하는 것보다 자신이 직접 투자하는 것이 옳습니다. '그렇다면 혹시 150% 수익을 낼 수 있는가?' 이번에도 'Yes'라면 역시나 직접 투자하는 것이 맞습니다. 하지만 그렇지 않다면 신용이 나보다 좋고 돈도 많이 빌릴 수 있고 수익률도 높은 애플에 투자하는 것이 현명한 선택이 될 것입니다.

애플 vs 삼성전자 재무제표 및 주가 비교

애플 vs 삼성전자(재무제표)

항목	애플 ($B)	삼성전자 (억원)
매출액	365.82	2,796.048
당기순이익	94.68	382,438
총 자산	351	4,024.284
자기자본	63.09	2,819.540
매출액수익률	25.9%	14.0%
레버리지비율	556%	143%
ROE	150%	14%

기준일:2021년

애플 vs 삼성전자(주가차트)

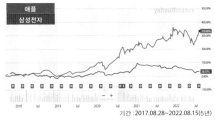

기간 : 2017.08.28~2022.08.15(5년)

⑧ 주가수익비율(Price earning ratio, PER, P/E RATIO)

가치투자하는 투자자는 현재 주가보다 기업의 가치가 낮은 회사를 찾아 투자합니다. 기업의 가치가 저평가되려면 돈은 잘 벌고 있는

데 현재 주가가 낮아야 합니다. 1주당 당기순이익을 현재 주가로 나눴을 때 숫자가 낮게 나온 기업이 저평가된 기업입니다. 이런 걸 주가수익비율이라고 이야기합니다. 즉 주가수익비율이 높으면 고평가, 낮으면 저평가된 것입니다.

간혹 기업이 고평가임에도 불구하고 거래가 활발한 주식을 볼 수 있습니다. 그것은 현재 주가보다 앞으로 더 오른다고 예상하기 때문입니다. 대표적인 기업으로 테슬라와 엔비디아가 있습니다. 주가수익비율은 무조건 높다고 나쁜 것은 아닙니다. 미래가치가 밝은 기업일수록 높은 경우가 많습니다. 그리고 일반적으로 배당기업보다 성장기업의 주가수익비율이 높은 편입니다.

2022년 8월 15일 기준으로 코카콜라는 PER 29.32이고, 애플은 PER 28.62를 기록했습니다. 애플이 코카콜라보다 미래가치가 낮을까요? 앞에서 봤던 애플의 매출, EPS, R&D투자, ROE를 생각하면 이상하다는 생각이 들 것입니다. 코카콜라가 고평가됐거나 애플이 저평가된 것처럼 보이죠. 무엇이 맞는지 시간이 지나면 알게 될 것입니다. 그래서 정확한 판단을 위해서는 같은 산업에 종사하는 회사끼리 비교해야 합니다. 업종별로 대표 기업을 보면 통신회사 버라이즌(VZ) PER 9.15, 금융회사 JP모건(JPM) PER 9.83, 정유회사 엑슨모빌(XOM) PER 10.10, 소프트웨어회사 마이크로소프트(MSFT) PER 30.43, 카드회사 비자(V) PER 33.21입니다. 분야와 기업의 미래가치에 따라 주가수익비율이 다르게 평가되니 참고하길 바랍니다.

S&P500 주가수익비율

출처: finviz, 기준일: 2021.08.15

⑨ 주가순자산비율(Price book value ratio, PBR)

주식이 자산에 비해 어떻게 평가되는지 확인할 수 있는 지표가 주가순자산비율입니다. 쉽게 시가총액과 자본이 같다면 1이고, 자본이 2배 많다면 0.5입니다. 자본이 많은데 시가총액이 낮으면 저평가됐다고 이야기하죠. 주가순자산비율 1 이하로 내려간 것이 그런 경우입니다. 이럴 땐 주식이 싸다고 볼 수 있습니다. 기업의 자산을 모두 팔아도 이익이 남으므로 안전하다고 보는 것입니다. 하지만 주가순자산비율 1 이하로 내려간 기업은 투자자의 관심을 받지 못한 기업일 수도 있습니다. 이런 기업은 앞으로도 투자자의 관심 밖에 있을 확률이 높고, 주가 또한 외면당할 수 있으니 조심해야 합니다.

⑩ EBITDA(Earnings before interest, Taxes, Depreciation and Amortization)

—

EBITDA는 일명 '에비따'라고 불리며 미국 주식 투자를 하고 있다면 꼭 만나는 용어입니다. 독자님이 이것을 아직 보지 못했다면 재무제표를 소홀히 한 것일 테니, 지금부터 자세히 보길 바랍니다.

EBITDA는 기업의 이익을 나타내는 약어들의 모임으로 보면 이해가 쉽습니다. EBITDA는 세금과 이자지급전의 영업이익으로 모든 것을 포함한 이익입니다. 영어 약자를 하나씩 제거하겠습니다. DA(Depreciation and Amortization)는 감가상각비용을 나타냅니다. 이를 제거한 EBIT는 우리가 알고 있는 일반적인 영업이익입니다. I(Interest)는 금융수익을 말합니다. 이를 제거한 EBT는 법인세를 차감하기 전의 순이익이 됩니다. 마지막으로 T(Taxes)는 세금으로 모든 것을 제거한 순수한 이익이 남게 됩니다. EB는 말 그대로 순이익이 되는 것입니다. 우리가 보통 사용하는 것은 EBIT(영업이익)과 EB(순수익)입니다. 이렇게 풀어서 보면 참 쉽죠? 재무제표는 어려운 게 아니라 단순히 이익을 내 입맛에 맞게 볼 수 있는 자료일 뿐입니다.

EBITDA 분해

항목	제거	내용
EBITDA	–	전체 영업이익
EBIT	DA(감가상각비용)	영업이익
EBT	I(금융수익)	세전 순이익
EB	T(세금)	순이익

기업분석을 어렵게 생각하는 개인 투자자가 많습니다. 하지만 지금 소개한 10개만 잘 보고 투자해도 성공적인 투자를 할 수 있습니다. 이는 절대 어렵지 않으며 재무제표를 보면 모두 나오는 숫자들입니다. 투자 전에 꼭 한 번씩 찾아보시길 바랍니다. 우리가 투자에서 실수하는 것 중에 어려워서 못하는 것보다 찾기 귀찮아서 넘기는 경우가 많죠. 이런 행동이 나중에 큰 손실을 부르는 경우가 많습니다. 혹은 내 계좌의 종목 가운데 무엇 때문에 마이너스가 됐는지 몰랐

던 부분도 이 10가지에 속하는 것이 많을 것입니다. 돌아올 수 없는 강을 건너기 전에 가장 쉬운 기업분석 10가지를 눈여겨보세요. 귀찮아도 꼭 확인하고 투자기업을 선별하는 습관을 만들기 바랍니다.

기업실적과 전자공시의 확인

●●●●●

구독자 사연 07

—

미국 기업실적 및 전자공시는 어디에서 볼 수 있나요?

미국 주식 투자는 대부분 인터넷을 통해 정보를 얻을 수 있는데요. 원하는 정보에 따라 봐야 할 사이트가 다릅니다. 이런 것들을 정리해서 갖고 있으면 투자에 많은 도움이 됩니다. 문의 주신 기업실적과 전자공시뿐 아니라 제가 자주 찾아보는 무료 사이트도 함께 공유하겠습니다.

아래 표에 있는 10개 사이트 중 미국 기업실적의 과거 10년치 데이터를 확인할 때는 스톡로우에서 봅니다. 실적 시즌에는 실시간으로 업데이트가 빠른 인베스팅닷컴에서 확인합니다. 기업공시는 Bamsec에서 주로 확인하며, 기업의 티커를 입력하면 바로 확인할 수 있는데요. 기업공시 중에 중요하게 봐야 할 것은 사업보고서(10-K), 분기보고서(10-Q), 수시보고서(8-K)이고 이 중에 수시보고서는 특별한 이슈가 있을 때 나오는 공시이니 주시해야 할 공시입니다.

기업 정보를 제공하는 무료 사이트		
분야	사이트명	주소
기본정보	인베스팅닷컴	investing.com
	핀비즈	finviz.com
	위불	webull.com
재무제표 공시	Bamsec	bamsec.com
	스톡로우	stockrow.com
	어닝스위스퍼	earningswhispers.com
배당	시킹알파	seekingalpha.com
	포트폴리오 비주얼라이저	portfoliovisualiser.com
ETF	ETF.COM	etf.com
경제지표	FRED	fred.stlouisfed.org

실전 투자 2단계
누구보다 싸게 사는 방법

1단계를 통해 투자할 기업을 선별했다면 이제 매일 움직이는 주가 차트를 보며 최대한 싸게 사는 방법을 알아봅시다. 우리가 매수한 단가가 얼마냐에 따라 수익률이 달라지기 때문에 10원이라도 싸게 사는 게 좋습니다. "당연한 이야기를 왜 하나요?"라고 반문할 수 있습니다. 하지만 신기하게도 실제 매수하는 것을 보면 즉흥적으로 수량을 늘리는 투자자가 많습니다. 지금부터 말하는 3가지 항목을 점검하고 매수한다면, 적어도 옆에 있는 동료나 친구보다 더 싸게 주식을 매수할 수 있는 기회를 얻을 수 있습니다.

① 20일 이동평균선

기업의 주가를 나타내는 캔들 차트를 보면 차트 안에서 춤을 추듯 움직이는 실선이 있습니다. 여러 색으로 표현된 이 선들은 이동평균선이라고 합니다. 이는 일정 기간의 주가를 평균으로 계산해 선으로 표현한 것입니다.

예를 들어 20일 이동평균선은 과거 20일간의 주가 평균을 계산한 것입니다. 20일은 거래일 수로 보통 한 달입니다. 가장 많이 사용하는 이동평균선이고 20일(1개월), 60일(3개월), 120일(6개월), 240일(1년)이 있습니다. 20일 이동평균선 밑으로 주가가 내려갔다면, 이는 한 달 평균보다 더 낮은 가격으로 거래가 되고 있다는 것입니다. 만약 매달 적립식으로 투자하고 있다면, 이때가 매수를 고려해야 할 순간입니다.

매달 적립식으로 투자하는 저는 20일선을 가장 중요하게 생각하고, 밑으로 내려오거나 근처에 오면 매수합니다. 간혹 20일 이동평균선 밑으로 내려오지 않은 달도 있습니다. 그럴 때는 해당 월을 넘기지 않고 말일에 매수합니다. 20일 이동평균선 다음으로 중요한 것은 240일 이동평균선으로 1년을 기록하는 선입니다. 240일선은 크게 요동치지 않으며, 큰 파도를 그리듯 움직입니다. 간혹 주가가 240일선 밑으로 내려가는 경우가 있습니다. 이는 그 기업에 큰 문제가 있거나 경제가 좋지 않음을 알려주는 신호입니다.

애플은 2020년 3월 코로나19로 인해 세계 경제가 흔들릴 때 240일선을 터치하는 순간이 왔었습니다. 기업에 문제가 없다면 이런 신호는 오히려 매수 기회가 됩니다. 애플은 실제로 240일선을 터치하고 V자 반등을 만들어냈습니다. 몇 년에 한 번 오는 최고의 매수 타이밍이었던 것입니다.

이동평균선 240일선 밑으로 주가가 내려갔다는 것은 1년 평균보다 주가가 낮다는 이야기입니다. 기업의 매출과 순이익이 계속 오르는 좋은 기업이라면 당연히 기회인 것입니다. 반면 실적이 좋지 않고 미래가치가 훼손된 기업이라면, 굳이 240일선 밑으로 내려온다고 매수할 필요는 없습니다. 오히려 조심해야 할 기업으로 제외해야 합니다. 이 2가지를 구분하는 것이 '똥손'과 '금손'을 나누는 기준입니다.

② 자금수급지수(Money flow index, MFI)

기술적 분석에는 다양한 보조지표를 활용한 것들이 많습니다. 여기서 저는 딱 2가지만 봅니다. MFI와 RSI인데, MFI를 먼저 살펴보겠습니다. 자금수급지수라는 한글 표현은 잘 쓰지 않고 보통 MFI라고 많이들 부릅니다. 주가를 움직이는 돈이 얼마나 들어오고 나가는지

수급을 체크하는 지수로 20 이하로 내려가면 '과매도'라고 부릅니다.

사람들이 생각보다 많은 양의 돈을 매도하고 있다는 이야기입니다. 좋은 기업이라면 이런 구간이 매수의 기회가 되고, 보통 공포에 사로잡혀 있을 때입니다. 그렇다면 애플이 과매도 구간에 들어갔던 순간은 언제일까요? 2020년 10월 30일 애플의 MFI는 19.5를 기록했고, 이때가 최저점을 확인하는 순간이었습니다. 반대로 80 이상이면 '과매수' 구간으로 주가에 거품이 형성되었을 가능성이 높습니다. 이때는 매수 시기를 늦추고, 천천히 관망하며 지켜보는 것이 좋습니다.

③ 상대강도지수(Relative strength index, RSI)

RSI 또한 기술적 분석에서 사용하는 보조지표로 30 이하로 내려가면 '과매도', 70 이상 올라가면 '과매수' 구간으로 인지됩니다(MFI와 숫자가 다르니 주의!). 그렇다면 RSI, MFI 모두 과매도 구간에 들어간 기업은 어떻게 됐을까요?

테슬라 차트를 보면 2022년 5월 24일 보조지표 RSI 29.2 MFI 13.16이었습니다. 2개 모두 과매도 구간이었고, 이날 테슬라 종가는

209달러였습니다. 그 뒤로 200달러 선을 계속 지켰지만, 트위터 이슈로 인해 안타깝게도 무너지는 모습을 보여줬습니다. 좋은 기업이라면 당연히 이때가 매수 기회였습니다. 1단계에서 기업평가를 통해 선별된 기업이면 매수 타이밍이었다는 말입니다. RSI, MFI 과매도 구간이 매수 타이밍으로 최저점이었습니다. 여기서 중요한 것은 미래가치가 높은 기업이어야 반등도 시원하게 나오는 것입니다. 그러니까 투자자는 1단계 기업선정을 잘하는 것이 우선이고, 그다음이 매수 타이밍을 보는 것입니다.

애플 차트 분석(이동평균선)과 테슬라 차트 분석(MFI, RSI)

나의 머니 로드

실전 투자 3단계
모니터링 및 리밸런싱

1, 2단계를 거쳐 적립식으로 투자한다면 투자기업의 주식 수는 계속 늘어날 것입니다. 이제부터는 장기 투자를 위한 작업입니다. 선택된 기업이 처음 자신이 투자한 기업의 비전과 비교했을 때 바뀐 것은 없는지, 매출과 순이익은 꾸준히 늘고 있는지 주기적인 모니터링을 해야 합니다. 기업의 비전이라면 어렵게 생각들 수 있죠. 하지만 쉽게 보면 소셜 미디어 혹은 OTT 기업은 이용자 수가 꾸준히 증가하고 있는지, 클라우드 기업은 점유율이 증가하는지, 반도체 기업은 신제품 출시를 꾸준히 하는지를 체크하면 됩니다.

혹여나 자신이 이해할 수 없는 투자는 과감하게 거르는 것이 좋습니다. 주기적인 모니터링은 자신이 이해한 산업과 업황의 흐름을 파악하는 것입니다. 점검 주기는 3개월에 1번으로 기업의 실적발표 내용을 토대로 검토합니다. 투자기업이 10개라면 1년에 40번, 100개라면 400번을 체크해야 합니다. 400번은 너무 많죠?

자신이 꾸준히 모니터링하며 관리할 수 있는 종목의 수를 넘지 않는 것이 좋습니다. 종목은 최대 12개를 넘지 않기를 권장합니다. 점검해야 할 항목은 1단계에서 봤던 기업분석 10가지를 동일하게 모니터링하며 증가·감소 추세를 확인합니다.

꾸준히 상승해야 좋은 기업이고, 그 상승폭이 점점 높아진다면 더욱 좋은 신호입니다. 간혹 대외환경(공급난, 인력난, 인플레이션, 금리 인상 등)의 변화로 실적이 좋지 않은 경우가 있습니다. 이럴 때는 일시적인지 장기적 악재인지 파악해야 합니다. 인플레이션은 결국 금리 인상으로 잡히겠지만, 인력난은 각 분야에서 어떻게 대응하느냐에 따라 달라집니다. 자기가 투자하고 있는 기업이 자동화를 추진하고 있는지, 인력을 줄이면서 효율이 높아질 수 있는 산업인지를 확인해야 합니다.

모든 모니터링이 끝나고 이상이 없다면, 2단계에서 진행했던 매수 방법으로 다시 적립식 투자를 이어가면 됩니다. 투자를 진행하면 기업의 주가에 따라 수익률이 달라지듯, 자신의 계좌에서 각 기업의 비중이 달라집니다. 처음 10개 기업에 10%씩 투자를 했는데 1년 뒤 A는 13%, B는 7%가 됐다고 가정하겠습니다. 이런 현상이 장기화되면 한 기업의 비중이 높아집니다. 그래서 그 기업의 주가에 따라 내 계좌도 좌우되는 리스크가 발생합니다. 리스크를 줄이기 위해 리밸런싱이 필요합니다. A에서 비중 3%를 익절하고, 가격이 내려간 B를 저가 매수해서 3%를 채워줘야 합니다. 리밸런싱을 하면서 다시 10%로 동일한 비중을 맞추고, 수익이 발생한 기업을 익절하면 내려간 기업을 싸게 살 수 있는 기회가 만들어집니다. 혹은 적립식 투자를 진행하고 있다면 익절하기 전에 그 달의 투자금액으로 비중이 적은 B 종목을 매수합니다.

리밸런싱은 보통 1년에 한 번 진행하는 것이 좋습니다. 추가로 주가변동성이 크게 작용하는 경제위기가 찾아오면 1년에 한 번이 아니라 즉시 리밸런싱을 진행해 위기를 기회로 만듭니다. 참고로 해외 주식의 경우에는 매도로 인해 발생된 수익 250만 원까지 바과세 혜택이 있습니다.

투자는 유연하게 대처하는 것이 중요하며 기술적 분석과 가치평가를 함께 병행해야 손실을 줄이고 수익을 극대화할 수 있습니다. 지금까지 살펴본 1~3단계는 투자를 하면서 계속 봐야 할 항목입니다. 투자할 때 우리가 다스려야 할 마음이 공포와 탐욕이라고 많이들 이야기합니다. 실제로 이를 대변하듯 공포탐욕지수가 존재하고, 투자자의 심리를 반영하고 있습니다. 적립식으로 투자하는 우리에게는 하나 더 각오해야 할 것이 있는데 바로 '지루함'입니다. 10개 기업을 투자하면 매년 40번의 점검을 진행해야 합니다. 그것도 같은 기업, 같은 실적을 말입니다.

1년 차에는 재밌게 할 수 있습니다. 하지만 2~3년 넘어가면 더 좋은 기업이 있는 것 같고, 다른 누군가는 급등주에 투자해서 단기간에 큰돈을 벌었다는 이야기에 마음이 흔들리죠. 투자자는 자신의 투자를 고수하는 지루함을 이겨내야 합니다. 공포와 탐욕보다 지루함을 견뎌내는 것이 더 어렵고 부자와 빈자를 가르는 척도라고 생각합니다. 평범한 투자자가 부자가 될 수 있는 방법은 복리투자를 통한 자산증식입니다. 인내를 돈으로 바꾸지 못한다면 절대 부자가 될 수 없습니다. 위 3단계를 진행하며 내가 투자한 기업에 이상이 없다면 지루한 투자는 결국 승리하게 될 것입니다.

MONEY ROAD

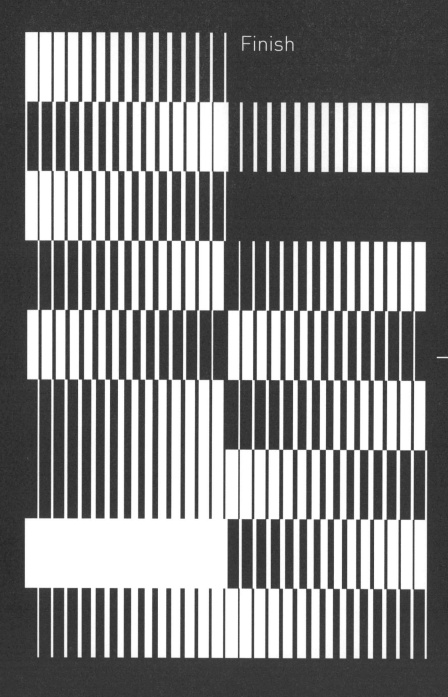
Finish

4

투자 세금의
역할

모든 돈에는
세금이 있다

우리가 소비하는 행위 뒤에는 세금이란 꼬리표가 항상 따라다닙니다. 카페에서 커피를 한 잔 마셔도 영수증을 받아보면 부가가치세라는 것이 포함된 것을 확인할 수 있습니다. 소비뿐만 아니라 우리가 벌어들인 소득에도 세금이 붙는데, 근로소득, 사업소득, 자산소득, 기타소득으로 나뉩니다.

근로소득은 직장에서 월급을 통장으로 받기 전에 징수합니다. 직장인은 '유리 지갑'이라는 별명처럼 투명하게 세금을 냅니다. 소비를 열심히 했다면 연말정산을 통해 세금을 환급받을 수도 있죠. 하지만 우리가 쓴 돈의 일부를 돌려받는 환급금일 뿐이니 씁쓸합니다. 사업소득자는 다양한 비용 처리로 최대한 세금을 덜 내기 위해 노력을 하지만 쉽지 않습니다.

자산소득은 예금, 보험, 분양권, 부동산, 주식 등 다양합니다. 몇 가지 살펴보면 은행 예금이 만기가 되어 발생한 이자에서 15.4%의 세금을 지불합니다. 부동산을 매수할 때 취득세 1~3%를 내야 합니다. 주식으로 배당을 받으면 배당소득세 15.4%를 내야 합니다. 이렇듯 우리의 일상부터 투자까지 돈이 흐르는 모든 곳에 세금이 존재한다고 봐도 무방합니다.

탈세까지는 아니어도 절세를 해야 이익을 극대화할 수 있습니다. 주식 투자자 관점에서 세금에 대한 모든 것을 정리하겠습니다. 투자에서 세금은 벌어들인 수익에 따라 징수하는 것이죠. 그렇기 때문에 미래에 발생할 수익을 예상해야 합니다.

어렵고 복잡해 보이지만 3가지만 이해하면 앞으로 세금이 두렵지 않을 것입니다. 간단히 정리하면 배당금을 받을 때 내야 하는 '배당소득세', 주식을 팔 때 시세차익이 발생하면 내야 하는 '양도소득세', 투자로 돈을 많이 벌면 내야 하는 '금융종합과세'가 있습니다. 지금부터 하나씩 설명할 테니 큰돈을 벌면서 절세하는 방법을 익혀 부자가 되는 여정을 함께하길 바랍니다.

배당을 받으면 내는
배당소득세

주식 투자를 하면 투자하고 있는 기업 중에 회사의 이익을 주기적으로 배당금을 분배하는 기업이 존재합니다. 이런 배당기업과 배당 ETF는 안정적인 투자를 선호하는 투자자에게 좋은 투자처가 됩니다. 배당금은 예금의 이자에서 이자소득세를 내듯 배당소득세를 지불해야 합니다. 별도로 신고할 필요 없이 처음부터 배당금이 지급될 때 배당소득세까지 계산하고, 내 계좌에 배당금이 들어오는 구조입니다.

만약 배당률이 6%인 미국 기업에 1,000만 원을 투자했다면 월 5만 원의 배당금이 내 계좌에 들어와야 하죠. 그런데 여기서 세금을 제외하면 4만 2,500원이 들어오는 것입니다. 미국 주식은 15%의 배당소득세를 지불해야 하므로 이런 일이 발생합니다. 투자자는 7,500원이 크지 않다고 생각할 수 있습니다. 하지만 1억 원을 투자하면 매달 7만 5,000원이 줄고, 1년이면 90만 원을 세금으로 내는 것입니다. 간혹 배당소득세를 계산하지 못하고, 매달 300만 원씩 받는 경제적 자유를 위한 배당구조를 만들려다 실패하는 경우가 있습니다.

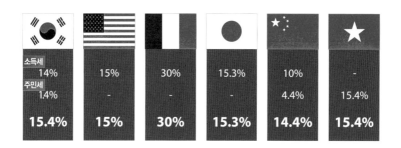

배당소득세는 국가별로 조금씩 다른데 표를 참고 바랍니다. 한국에서 배당소득세는 소득세 14%와 주민세 1.4%를 더해서 15.4%를 징수하게 되어있습니다. 다른 국가의 경우 국내 배당소득세 14%보다 더 많은 세금을 내는 곳에서는 추가 세금이 없고, 14%보다 낮으면 추가 세금이 있습니다.

여기에 대표적인 국가가 중국입니다. 중국은 배당소득세 10%를 내야 하므로 추가로 4.4%를 지불해야 합니다. 반대로 프랑스는 배당소득세 30%를 징수하므로 추가로 배당소득세를 내야할 것은 없습니다. 하지만 배당을 목적으로 프랑스 기업에 투자하는 것은 좋은 선택이 아닙니다. 대부분 한국과 미국에 투자하기 때문에 배당소득세는 한국 15.4%, 미국 15%를 기억하고 있으면, 세금은 알아서 징수되고 계좌에 들어오니 따로 신경을 안 써도 됩니다.

주식을 팔 때 내는
양도소득세

주식거래는 매수, 보유, 매도의 과정을 거치며 매도할 때 최종 수익이 확정됩니다. 그리고 이때 양도소득세를 지불합니다. 양도소득세에서 가장 중요한 것을 먼저 언급하면 팔지 않으면 세금을 내지 않아도 된다는 것입니다. 근로소득의 경우에는 매달 받는 월급에서 꼬박꼬박 세금이 발생합니다. 그러나 주식은 팔지 않으면 세금을 내지 않아도 됩니다.

즉 내야 할 세금을 나중으로 미루고, 자산 그대로 복리효과를 누릴 수 있다는 장점이 있습니다. 그렇다면 주식을 무조건 매도하지 않는 게 좋을까요? 그렇지만은 않죠. 간혹 그냥 매도하지 않고 계속 매수하는 투자자가 있습니다. 이렇게 하면 매년 받을 수 있는 250만 원의 비과세 혜택을 받지 못하는 것입니다.

미국 주식 투자자는 1년 동안 발생한 수익 중에서 250만 원까지는 비과세 혜택을 받을 수 있습니다. 이 혜택이 10년이면 2,500만 원이고, 20년이면 5,000만 원까지 커집니다. 이를 누리지 않고, 나중에 20년 뒤 한 번에 매도할 때 1억 원의 수익이 발생했다면, 그해 250만 원 공제 대상이 됩니다. 그러면 나머지 9,750만 원은 그대로 양도소득세 대상입니다. 여기에 세율 22%를 적용하면 2,145만 원을 세금으로 내야 합니다.

하지만 매년 250만 원씩 혜택을 받으면 5,000만 원은 이미 비과세 혜택을 받은 거죠. 그렇다면 그해 250만 원을 제외한 4,750만 원만이 양도소득세 대상입니다. 여기에 세율 22%를 적용하면 1,045만 원의 세금을 냅니다. 매년 비과세 혜택을 받은 투자자는 1,100만 원의 세금을 절약할 수 있는 것입니다.

매년 매도해서 발생된 250만 원의 수익은 다시 투자자산으로 재매수를 진행해도 됩니다. 또는 포트폴리오에서 리밸런싱을 진행하고, 비중을 조절해도 좋습니다. 개인 투자전략에 따라 다를 수 있지만, 양도소득세를 줄일 수 있는 기회를 매년 놓치지 않기를 바랍니다.

해외 주식 양도소득세 신고는 보통 증권사에서 무료로 대행 서비스를 진행하고 있습니다. 투자자가 이 때문에 따로 걱정할 필요 없습니다. 매년 3~4월쯤 증권사에서 양도세 신고 대행 서비스 안내 공지가 올라옵니다. 거래하고 있는 증권사에 신청만 하면, 세금을 얼마 내야 하는지 알려줍니다. 증권사 여러 곳을 사용하고 있다면, 주거래 증권사로 통합해야 합니다. 이런 경우에는 타 증권사의 거래 내역을 주거래 증권사에 알려줘야 하는 번거로움이 있습니다.

1년간 주식으로 벌어들인 수익을 미리 계산해보고 싶다면, 이용하고 있는 증권사 애플리케이션에서 '양도세 계산' 기능이 있으니 확인해보길 바랍니다. 참고로 양도세는 매수할 때 환율과 매도할 때 환율이 다르고, 거래가 발생한 날 기준으로 적용되기 때문에 우리가 일반적으로 보고 있는 계좌의 수익과 차이가 있으니 꼭 '양도세 계산' 기능을 이용해서 확인해야 합니다. 양도세는 1월부터 12월까지의 1년이란 기간을 적용합니다. 하지만 마지막 2영업일은 다음 해로 넘어갑니다. 그러므로 12월 마지막 3영업일 전까지 매도한 수익까지 계산된다는 사실을 알고 있어야 합니다. 12월 30일에 매도했는데

"왜 양도세 적용이 안 됐냐?"고 한탄하면 이미 늦은 것입니다.

제 경우 안전하게 12월 25일 크리스마스를 기준으로 그전에 양도세 계산을 모두 정리합니다. 간혹 수익이 250만 원이 넘지 않는데 꼭 신고해야 하는지 질문하는 분들이 있습니다. 안타깝게도 신고는 필수사항입니다. 깜박하고 신고를 못했다면 나중에 소명하라고 세금 담당자의 연락이 올 수 있습니다. 수익이 250만 원이 넘지 않으면 별도 세금이 징수되지 않지만, 250만 원이 넘어가면 가산세가 붙게 됩니다. 그러니까 수익이 많이 났을 때는 당당하게 양도세를 내는 것이 현명합니다.

주식으로 돈을 많이 벌면
내야 하는 **금융소득종합과세**

배당소득세와 양도소득세는 주식 투자를 하면 자연스럽게 접하게 됩니다. 실제로 세금을 내다보면 자연스럽게 몸으로 깨닫습니다. 이번에 소개하는 금융소득종합과세는 투자로 성공한 사람만이 지불하는 세금입니다. 금융소득의 합이 일정 금액 초과하는 투자자는 이 세금을 냅니다. 특히 금융소득이 많으면 다른 종합 소득과 합산해 세금을 부과하기 때문에 조심해야 합니다. 간혹 배당금 2,000만원 넘으면 종합소득과세 대상이 되어 '세금폭탄'을 맞는다는 이야기가 있습니다. 이 말은 맞을까요?

예금과 배당과 같은 금융소득으로 2,000만 원이 넘으면 종합소득과세 대상자가 되는 것은 맞는 말입니다. 하지만 세금폭탄은 상황에 따라 다르기 때문에 본인의 투자환경을 잘 알아야 합니다. 크게 2가지로 나눠서 볼 수 있습니다. 첫 번째는 은퇴자, 주부, 학생과 같은 금융소득만 있는 투자자입니다. 두 번째는 금융소득뿐 아니라 근로소득 혹은 사업소득으로 별도의 소득이 있는 투자자입니다. 금융소득만 있는 투자자는 금융소득 2,000만 원 초과 시 종합과세 대상이 되고, 과세 표준에 근거해 6~45%의 종합소득세를 추가로 내야 합니다.

여기서 추가로 내야 하는 세금(종합과세)이 이미 지불한 배당소득세(분리과세)보다 낮으면 먼저 지불한 배당소득세만 냅니다. 추가로 세금을 지불할 필요가 없습니다. 2가지 예를 들어보겠습니다. 금융소득자 A는 3,000만 원, B는 7,000만 원의 배당을 받았습니다. A, B 모두 배당을 받을 때 이미 배당소득세 15%가 징수됐습니다. A는 450만 원, B는 1,050만 원을 냈습니다. 이미 지불한 배당소득세(분리과세)보다 종합과세의 세율이 높으면 추가로 세금을 더 내야 합니다. 계산해보면 A는 360만 원, B는 978만 원으로 이미 지불한 배당소득세보다 낮은 금액이기 때문에 추가로 납부할 세금이 없습니다.

즉 금융소득자는 배당금으로 7,000만 원을 받아도 배당소득세

외에 추가로 내야 하는 세금은 없습니다. 배당금 2,000만 원이 넘으면 세금폭탄을 맞는다는 이야기는 금융소득자에게는 틀린 답입니다. 배당금이 7,000만 원이면 세금을 제외하고, 매달 약 500만 원의 배당금이 지급되는 것입니다. 그런데 이 금액을 넘겨서 세금까지 내는 것은 쉽지 않은 일입니다. 조금 더 정확히 이야기하면 미국 배당주 투자는 7,800만 원까지, 국내 배당주 투자는 7,200만 원까지 여유가 있습니다. 금융소득만 있는 투자자는 가벼운 마음으로 배당주에 투자하시길 바랍니다.

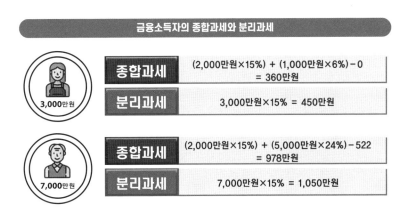

금융소득종합과세는 근로소득, 사업소득이 있는 투자자가 금융소득이 발생하는 경우, 문제가 발생합니다. 예를 들어 배당금 3,000만 원과 근로소득 5,000만 원을 벌고 있는 소득자가 있다고 가정해

보겠습니다. 배당금 2,000만 원까지 배당소득세(분리과세) 대상이죠. 그러면 나머지 1,000만 원이 종합과세 대상으로 넘어와 총 6,000만 원이 종합과세 대상으로 잡힙니다. 6,000만 원의 종합소득세율은 24%고 누진공제 522만 원이 적용됩니다(표 참고). 이렇게 계산하면 총 918만 원의 세금이 부과됩니다.

여기서 원래 5,000만 원은 근로소득으로 지불해야 할 세금으로 765만 원입니다. 배당금 1,000만 원의 추가로 발생한 세금이 153만 원입니다. 1,000만 원의 기존 배당소득세는 15%로 150만 원을 내야 하죠. 그런데 153만 원을 지불하게 되므로 투자자는 추가로 3만 원의 세금을 더 내는 것입니다. 즉 금융소득 3,000만 원 때문에 추가로 발생되는 세금은 3만 원인 셈입니다. 3만 원이 과연 세금폭탄인가요? 그렇지 않습니다. 종합소득세율을 보면 8,800만 원까지 24%의 세율이 적용됩니다. 여기까지는 크게 세금이 올라가는 구간이 아닙니다. 하지만 그 이상 1억 원 혹은 2억 원으로 넘어가면 세율이 높아지기 때문에 조심해야 합니다. 최대 45%까지 올라가며 양도소득세 22% 보다 높은 세율을 적용하면서까지 배당에 집중할 필요는 없습니다. 8,800만 원을 기준으로 배당과 성장의 밸런스 있는 투자가 중요합니다.

사업·근로소득자의 종합과세와 분리과세

배당 **3,000**만원 분리과세 **2,000**만원

사업/근로 **5,000**만원 종합과세 **6,000**만원

종합과세 **6,000**만원 X 24% - 522 = 918만원

5,000만원 X 24% - 435 = 765만원

1,000만원 X 24% - 87 = 153만원

1,000만원 X 15% = 150만원

3만원

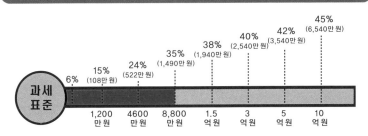

금융소득종합과세 표준

과세 표준

6%
15% (108만원)
24% (522만원)
35% (1,490만원)
38% (1,940만원)
40% (2,540만원)
42% (3,540만원)
45% (6,540만원)

1,200 만원
4600 만원
8,800 만원
1.5 억원
3 억원
5 억원
10 억원

세금은 어떤 방식으로 얼마의 소득이 발생했느냐에 따라 세율이 달라지기 때문에 정해진 정답이 있는 것은 아닙니다. 하지만 자기가 근로소득으로 받는 월급에서 얼마의 세금이 나가고 금융소득으로 양도세와 배당세가 얼마인지 알아야 어떤 투자를 해야 하는지 전

략을 세울 수 있습니다. 위 내용이 어렵고 계산하기 힘들다면 유튜브 '수페TV'에서 '배당금 2,000만 원 세금폭탄 제거하는 방법(ft. 금융소득 계산기 무료 나눔)'을 시청하고, 세금계산기를 다운받아 사용해보시길 바랍니다. 위 내용을 읽고 영상을 보고 직접 계산해보면 쉽게 나의 세금을 한눈에 볼 수 있을 것입니다.

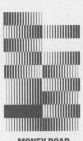

MONEY ROAD

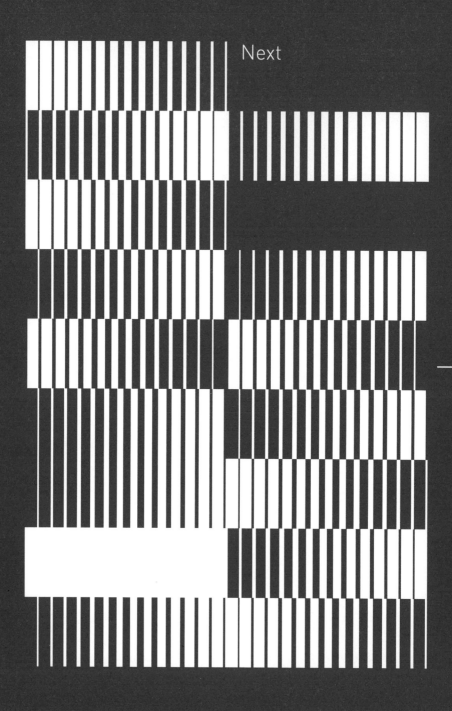

Next

5

미래를
준비하는 투자

미래를 상상해야 투자에 성공한다

투자자의 가슴을 뛰게 하는 단어 하나를 뽑으라면 저는 '성장'이라고 말합니다. 기업의 성장이 산업의 성장을 이끌고, 그 산업의 성장은 더 나아가 국가를 발전시키며, 심지어 새로운 글로벌 환경을 만들기까지합니다. 인터넷의 등장으로 우리 삶이 바뀌었고, 스마트폰으로 인해 손 안에 모든 것을 쥘 수 있게 됐습니다. 이런 성장을 이끌었던 기업에 투자하지 못한 사람들은 소외감을 느꼈을 것이고, '성장'이란 단어에 더욱 목이 말라 있죠. 성장을 이끄는 기업은 과거에도 있었고 앞으로도 계속 등장할 것입니다. 투자자는 미래를 상상하고 이를 현실세계에 구현하는 기업을 지금부터 찾고 투자하면 됩니다. 미래를 어떻게 준비하고 투자해야 하는지 살펴보겠습니다.

성장기업의 투자는 미래를 상상해야 할 수 있는 투자입니다. 앞에서 간단히 메가트렌드 3가지를 소개했지만 그것만으로는 부족하죠. 현재 우리가 살고 있는 시대는 어느 때보다 빠르게 변화 중입니다. 코로나19 팬데믹 이후 사람들의 생각과 삶의 패턴까지 바뀌기 시작했습니다. 지금은 투자자로서 중요한 시기입니다. 앞으로 변화될 세상을 미리 투자하는 사람과 그렇지 못한 투자자는 다시 한 번 갈림길에 설 것입니다. 그리고 그것이 누군가에게는 기회가 될 것입니다. 그 기회를 잡는 투자자가 이 책을 읽는 독자님이 되길 바랍니다.

제 아침의 시작은 스마트폰 알람을 끄고, 자연스럽게 밤사이 미국에는 무슨 일이 있었는지 각종 뉴스 채널들을 살펴봅니다. 그날의 '돈이 보이는 뉴스' 10개를 선정하고 한줄평을 추가해서 유튜브 채널에 글을 올립니다. 그리고 아침 산책을 나섭니다. 길에서 만난 사람들은 출근하는 사람부터 운동하는 사람까지 모두 고개를 숙여 스마트폰을 보고 있습니다. 이런 모습은 우리의 일상에 너무나 자연스럽게 자리 잡았습니다. 저 또한 스마트폰으로 유튜브를 보고 메신저를 하면서 길을 걷습니다. 우리 일상에 자연스럽게 녹아든 스마트폰은 이제 없어서는 안 될 분신과 같은 존재가 됐습니다.

그런데 스마트폰만 바라보는 것만으로 우린 현실과 화면 속 세상과의 경계에서 줄다리기를 하고 있다는 것을 알고 계신가요? 재 있는 예능 기사에 댓글을 남길 때의 나와 인스타그램에 맛있는 음식 사진을 올릴 때의 나는 현실의 나와 또 다른 캐릭터로 형성됩니다. 요즘 우리의 이런 행동들 때문에 '부캐'부터 '멀티 페르소나', '인덱 스 관계'까지 다양한 용어들이 나오고 있는 상황입니다. 우리는 현 실에서만 살고 있는 것 같지만 작은 스마트폰 안에도 다양한 모양으 로 함께 살아가고 있으며 지구보다 더 큰 세상을 우린 이미 경험하고 있습니다.

잘 생각해보면 우리의 소비도 점점 오프라인이 아니라 온라인으 로 많이 변해가고 있습니다. 소비자 리서치 전문연구기관 컨슈머인 사이트에 따르면 2019년 7월 오프라인쇼핑 51%, 온라인 24%로 격 차가 27%였습니다. 그러나 2020년 12월 오프라인쇼핑 40%, 온라인 쇼핑 33%로 격차가 7%까지 좁혀졌습니다. 앞으로 이 격차는 더욱 좁혀질 것이고, 반대로 역전하는 날도 멀지 않았습니다.

이와 비슷하게 산업의 변화를 살펴보면 비디오테이프와 음악 CD는 이미 많이 사라졌습니다. 스마트폰 하나로 모든 것이 대체되 고 있습니다. 신용카드도 온라인지갑으로 넘어가는 추세입니다. 사 람들이 직접 카드로 결제하는 빈도가 줄어들고 있습니다. 인터넷이 새로운 세상의 문을 열었고, 스마트폰이 그 위에 길을 만들었습니다. 여기에 더 활발하게 움직일 수 있는 고속도로를 건설할 주체는 메타버스(Metaverse)가 될 것입니다.

카카오로 바라본
메타버스

　메타버스가 무엇인지 평소에 접하기 쉬운 카카오톡으로 예를 들어보겠습니다. 2021년 말 기준으로 카카오톡 이용자가 4,703만 명이니 한국인의 91%가 사용한다는 이야기입니다. 영유아를 제외하면 사실상 거의 모든 인구가 사용하는 메신저입니다.

　우리는 누군가에게 할 말이 있을 때 카카오톡 앱을 열어 대화합니다. 그런데 이 대화는 눈을 맞추고 서로 얼굴을 바라보며 하는 대화가 아닙니다. 카카오톡 앱에서 텍스트와 더불어 이모티콘을 주고받는 대화입니다. 이런 행동은 현실 세계보다는 인터넷 속의 또 다른 공간(세계)에서의 대화라고 볼 수 있습니다. 가상의 공간에서 우리가 하는 모든 행동이 메타버스의 시작점입니다. 메타버스는 현실세계와 마찬가지로 사회, 경제, 문화 활동을 하는 3차원 가상세계를 일컫는 말입니다.

카카오가 만든 세계에서 우리는 아주 많은 일을 하곤 합니다. 카카오톡은 이제 국민 메신저 플랫폼을 넘어섰으며, 심지어 카카오톡으로 업무를 하는 사람도 늘고 있습니다. 이렇게 많은 사람이 모이고 관심을 갖는 곳에는 돈도 함께 따라오기 마련입니다. 그래서 카카오에는 자연스럽게 '쇼핑'이란 카테고리가 추가됐습니다. 사람들은 친구의 생일이면 주저 없이 카카오톡으로 선물을 보내 축하하는 게 낯설지 않죠. 이제 생일뿐 아니라 감사·건강·위로·명절 등 우리의 생활에서 벌어질 수 있는 모든 것을 담은 '선물하기'가 탄생했습니다.

여기서 끝이 아닙니다. '금융'이란 새로운 서비스가 생겨났습니다. 이제는 카카오톡으로 편하게 돈을 이체하고, 다른 은행에 있는 돈까지 끌어올 수 있습니다. 이렇듯 카카오 안에서 할 수 있는 것들을 나열하면 끝이 없습니다. 이동할 때 카카오택시를 부르고, 공연을 볼 때도 카카오를 통해서 예매합니다. 일상에서 무언가 불편하다고 생각하는 순간 카카오는 새로운 실행을 했고, 그 결과 사람들이 카카오에 머무는 시간은 점점 늘고 있습니다.

돈은 언제나 사람들의 시간을 차지하는 곳에 머물게 되어있습니다. 카카오는 이를 정확히 분석했습니다. 사람들을 자신의 플랫폼 안에 잡아두기 위해 치열한 노력을 했고, 그 결과 카카오는 코스피 시총 상위 기업으로 올라왔으며, 최근 서비스 오류 사건으로 우리 삶에 얼마나 필요한 존재인지 확인했습니다. 우리가 스마트폰 화면을 바라보는 시간, 우리는 과연 현실에 있는 걸까요? 아니면 화면 속 다른 세상에 있는 걸까요?

하루 24시간 중에 잠자는 시간을 제외하고 냉정하게 따져보면 이미 우리는 현실 세계보다 가상의 공간에 더 오래 머물고 있는지도 모릅니다. 이렇게 우리 현실에 깊숙이 스며든 생활밀착형 플랫폼은 상당히 큰 시장으로 자리 잡았고, 그 확장성 또한 어마어마합니다.

메타버스 플랫폼이 무서운 것은 이런 카카오와 같은 플랫폼을 대처할 수 있는 강력한 무기로 인식되기 때문입니다. 단순히 프로필 사진을 보며 텍스트 혹은 음성으로 대화하는 지금의 단계에서 메타버스로 넘어간다는 것은 2D에서 3D로 변화하는 것입니다. 가상의 내(아바타)가 다양한 표정과 생생한 행동으로 대화가 가능해집니다.

메타버스를 통해 소셜 네트워크 서비스를 제공하는 기업은 거대한 성장을 이뤄낼 것입니다.

기존의 기업을 보면 은행, 석유, 화학같이 역사가 오래된 산업 분야는 견고한 사이클을 형성하고, 안정적인 수익 구조를 갖고 있습니다. 그렇기 때문에 이 분야에서는 배당금을 지급하는 기업들이 많습니다. 우리는 보통 재무제표를 통해 이런 기업들을 분석하죠. 하지만 이제 시작하는 메타버스 같은 신규 산업에는 이런 데이터가 쌓여 있을 리가 만무합니다. 그래서 메타버스와 같은 4차 산업혁명 시대에 성장하는 기업들은 재무제표만으로 미래가치를 평가하기가 어려운 상황입니다.

성장주를 평가하는 수단으로 PDR(Price to dream ratio)이라는 주가 꿈비율이 생겨났습니다. 그만큼 미래가치와 무형자산의 중요성이 점점 높아지고 있다는 것입니다. PDR도 좋지만 조금 더 현실적이고 개별 기업의 능력을 확인하는 방법은 딱 2가지만 매칭해서 보면 됩니다.

첫 번째는 기업이 하려고 하는 산업의 시장 전망과 규모고, 두 번째는 그 산업에서 기업이 차지하는 시장 점유율입니다. 결론적으로 투자하려는 기업이 시장 전망이 좋은 산업에 속해 있으면서 시장 점유율 1, 2위를 차지하고 있으면 됩니다. 아주 간단한 논리지만 생각보다 이것을 놓치고 투자했던 사람들이 투자의 쓴맛을 보는 경우가 종종 있습니다.

어느 정도 성장했고 재무제표가 완성됐다면 앞에서 이야기한 투자 3단계를 검토하면 도움이 될 것입니다. 과거 자동차와 스마트폰 산업이 그랬듯 미래 전망으로 시작된 산업의 가치가 그 숫자를 갱신하며 성장했습니다. 현재 4차 산업혁명의 중요 키워드 중 하나로 메타버스가 자리 잡고 있으며, 그 산업의 시장 규모와 전망은 우리에게 투자의 가치를 부여해줄 수 있습니다.

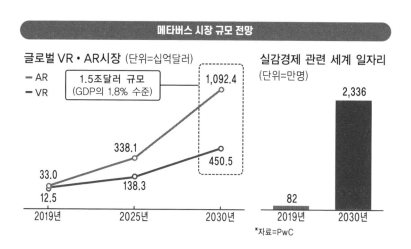

메타버스 관련 기술인 AR(증강현실)과 VR(가상현실)의 시장 규모를 살펴보겠습니다. 2019년 AR은 330억 달러, VR은 125억 달러 수준이었습니다. 어떤 산업의 시작으로 보기엔 작아 보일 수 있는 이 숫자가 2030년이 되면 엄청난 괴물로 변합니다. VR만 하더라도 4,505억 달러로 11년간 3,504%의 성장을 하니까요. AR은 1조 924억 달러로 3,210%의 성장을 합니다. 성장률 면에서는 VR이 더 높지만, 규모 면에서는 AR이 큰 것을 알 수 있습니다. AR은 스마트폰을 통해 쉽게 접할 수 있는 환경이 형성되기 때문에 규모 경쟁에서 VR보다 더 높을 수밖에 없을 것입니다. AR과 VR 모두 엄청난 성장이 예상되며, 앞에서 언급했던 성장주를 평가하는 첫째 조건에 해당하는 '잘나가는 산업과 시장 규모' 면에서 합격점을 받은 셈입니다.

두 번째 조건인 각 분야의 시장 점유율 1~2위를 차지하는 기업들은 뒤에서 5개 기업을 선정해 소개하겠습니다. 메타버스는 2030년까지 3,000% 넘는 성장을 이룰 것으로 예측되고 있습니다. 이는 먼저 언급한 카카오처럼 사람이 모이는 새로운 세상이 메타버스가 될 것이라는 힌트를 주고 있습니다.

2000년대 인터넷과 컴퓨터가 등장한 시기를 생각해보면 우리가 일하는 방식부터 쇼핑하는 방법까지 다양한 변화와 더불어 삶의 행동 패턴이 달라졌습니다. 2010년대 스마트폰이 등장했고, 사람들은 어디서든 편하게 하고 싶은 것들을 할 수 있게 됐죠. 과거 우리 삶의 패턴을 바꾸게 만든 인터넷과 스마트폰은 전 세계의 큰돈을 몰리게 해 수없이 많은 수익을 창출해냈습니다.

현시점에서 우리가 살아가는 방식은 바꾸고 있는 분야로 직접 만나야 가능했던 졸업식을 가상의 공간에서 진행한 학교가 생겨났습니다. 각자의 집에서 재택근무를 하고 있지만, 가상공간에서 회의를 하기 시작했죠. 이렇게 우리의 일상 패턴을 다시 바꾸고 있는 테마가 바로 메타버스인 것입니다. 당연히 눈치 빠른 자금들은 메타버스로 몰리기 시작했으며, 다양한 시도들이 이뤄지고 있습니다. AR과 VR 시장 전망이 이를 증명하고 있습니다. 메타버스를 구현하기 위한 기반 산업에 속하는 데이터처리, 클라우드, 통신 등 메타버스의 확장성은 아직도 끝을 모르고 다양하게 가지를 치며 확장하고 있습니다.

소외될래?

함께할래?

21세기를 살고 있는 우리는 이동하기 위해 마차를 타거나 물을 마시기 위해 우물을 찾지 않습니다. 시대가 변하고 살아가는 환경이 달라짐에 따라 우리는 옷을 갈아입듯 지금의 시대에 맞게 적응하며 살아가게 됩니다. 공중파가 미디어를 장악하고 정보를 제공했던 시기가 언제였는지 벌써 희미해졌습니다. 이제 우리는 MBC(공중파)와 jtbc(종합편성채널), tvN(케이블)을 넘나들 뿐 아니라 유튜브와 개인 소셜 미디어를 통해 보고 싶은 정보와 재미를 쉽게 찾아봅니다.

해외 각종 채널까지 섭렵하며 원하는 바를 찾아 얻을 수 있는 '정보의 바다'에 살고 있는 것이 현실입니다. 이렇듯 우리는 함께 성장하고 있습니다. 언제나 새로운 변화에 적응하며 살아왔죠. 마찬 가지로 현실과 가상세계가 공존하는 시대가 오면 사람들은 또 옷을 갈아입듯 자연스럽게 받아들일 것입니다. 누구나 더 나은 내일을 위해 새로운 세상에 빨리 적응하고, 그 속에서 화려한 주인공으로 살아가기를 꿈꿀 것입니다.

처음 개인용 컴퓨터가 세상에 나왔을 때 누구나 가질 수 없는 비싸고 다루기 어려운 물건이었습니다. 하지만 지금은 컴퓨터 없는 집이 드물고 데스크톱, 노트북, 태블릿 등 종류가 더 다양해졌습니다. 여기서 우리가 생각해봐야 할 것이 '그 시절 왜 우리는 컴퓨터를 샀을까?'입니다.

직장인은 업무처리를 하고 학생은 수업 준비와 과제를 하기 위해서라고 예상할 수 있습니다. 하지만 실제로 처음 컴퓨터를 집에 들이고, 제일 많이 했던 것은 게임이 아니었을까요? 저는 그 시절 '페르시아 왕자'라는 게임을 매일 밤늦게까지 하고, 이튿날 학교에서 친구들과 공략집에 대한 이야기를 나누곤 했습니다. 그러고 보면 우리의 일상에 가장 빠르게 거부감 없이 스며들 수 있는 무기는 바로 게임인 듯합니다. 게임이란 도구는 정말 무서운 중독성을 가지고 있어서 '전자 마약'이라는 이야기까지 나오고 있습니다. 스마트폰의 대중화에도 게임이 한몫을 하지 않았을까요?

한 가지 사례를 살펴보면 젊은 친구들은 게임이 아니어도 스마트폰으로의 이동이 활발합니다. 친구에게 자랑하고 싶어서 최신 스마트폰으로 갈아타기도 하죠. 하지만 어르신들은 쉽게 스마트폰으로 넘어오지 않았습니다. 우연인지 모르지만 어르신들이 스마트폰으로 넘어오는 시기에 '애니팡'이라는 게임이 있었습니다. 그 시절 지하철을 타면 10명 중 3~4명은 애니팡을 하고 있을 정도였습니다. 회사에서도 애니팡 등수를 보며 누가 1등이니, 누구누구가 잘하더라는 등 함께 어울리고 놀 수 있는 문화가 형성됐습니다. 그때부터 사람들은 스마트폰을 들여다보는 시간이 많아졌으며 현실 세계가 아닌 액정 속 세상과 친해지기 시작했습니다.

PC와 스마트폰 초창기 게임

페르시아 왕자

애니팡

이렇게 우리는 자연스럽게 개인용 컴퓨터와 스마트폰을 받아들였습니다. 게임과 더불어 이질감이나 거부감을 느낄 틈 없이 일상에 자리 잡았죠. 이제 컴퓨터와 스마트폰이 없다면 어떻게 될까요? 친구들과 카카오톡이나 라인을 못해 다음 대화에 끼기 힘들어질 것이고, 동호회와 스터디 모임, 강연, 공연 등 다양한 문화생활을 즐기는데 어려움을 느낄 것입니다. 어쩌면 아예 소외될 수도 있습니다. 우리가 당연한 듯 숨 쉬며 그 중요성을 망각하고 있지만, 산소야말로 없어서는 안 되는 중요한 요소이듯 컴퓨터와 스마트폰의 존재 역시 그런 물건들이 됐습니다.

다음으로 산소와 같은 존재가 될 것은 바로 메타버스입니다. 메타버스의 등장과 흐름이 앞에서 설명한 사례처럼 정말 똑같이 흘러가고 있습니다. 현재 메타버스를 이야기하면 게임 관련된 것으로 생각하는 사람들이 많은데, 그게 시작 단계에 있다는 증거입니다. 단순히 가상현실을 체험하는 목적이라면 개인용 컴퓨터와 스마트폰처럼 많은 대중에게 노출됐을 때 접하면 됩니다. 하지만 투자가 목적이라면 지금의 신호를 무시하면 안 됩니다. 처음 전기차가 도입될 수 있다는 이야기를 접했을 때 그 신호를 놓치지 않았다면 지금 함박웃음을 짓고 있을 것처럼, 이제 메타버스를 생각하면서 우리는 소외될지, 함께할지를 고민해야 합니다.

태동기에서 확장기로 가는
메타버스

메타버스를 보고 이게 기존 산업에 어떻게 영향을 미칠지, 그리고 얼마나 큰 파급력을 가지는지 예측하기란 쉬운 일이 아닙니다. 우리가 처음 스마트폰 봤을 때도 그건 얼리어답터나 다루는 물건으로 여겼죠. 혹은 스마트폰은 복잡해서 쓰기 어렵다고 푸념했던 것이 엊그제 같습니다.

하지만 지금은 70~80대 어르신도 손자와 영상통화를 하고, 카카오톡으로 대화를 나누며, 유튜브로 보고 싶은 트로트 가수의 영상을 찾아봅니다. 방금 어르신들의 행동 변화를 표현한 한 문장에는 통신, 커뮤니케이션, 콘텐츠 산업이 포함돼 있습니다. 그만큼 스마트폰은 이제 한두 가지 산업으로 정의할 수 있는 매개체가 아닌 그 자체로 일상이 됐습니다.

스마트폰을 이어갈 다음 스텝의 물건이 바로 메타버스를 통한 기기가 될 것입니다. 현재로는 VR 헤드셋을 가장 많이 사용하고 있습니다. 메타의 오큘러스가 대표적인 VR 헤드셋입니다. 하지만 VR 헤드셋은 무겁고 휴대성이 좋지 못하며, 오래 사용할 수 없다는 단점이 있습니다.

혹시 지금 VR 헤드셋이 무겁다는 말을 어디서 들어본 적이 있나요? 이런 반응은 휴대폰이 처음 나왔을 때와 흡사합니다. 처음 출시된 휴대폰은 일명 '벽돌폰'이라 불리며, 장점보다 단점이 많았습니다. 하지만 그 단점을 하나씩 기술로 극복하면서 지금의 스마트폰이 탄생했습니다. 메타버스기기 또한 안경 혹은 렌즈 같은 간단한 형태로 발전한다면 스마트폰보다 더 휴대성이 좋아질 것입니다. 그리고 이를 위해 글로벌 기업들은 기술개발에 박차를 가하고 있습니다. 우리도 당연히 관심을 갖고 현명한 투자를 해야 합니다.

메타버스는 이제 시작 단계라 정확히 규정하기 힘든 산업입니다. 하지만 그런 산업을 이해하고 투자한다면, 누구보다 빠른 기회를 잡을 수 있는 선택권이 주어질 것입니다. 전기차의 태동을 먼저 알고 테슬라에 투자했던 투자자처럼 말입니다. 전기차의 시작을 돌아보면 당시 사람들은 "설마 전기로 된 자동차가 도로 위를 돌아다니겠어?"라는 반응을 보였습니다. 차량 가격이 비싸고 충전 속도도 느리기 때문에 도입하려면 한참 걸릴 것이라 생각했던 것입니다.

지금 전기차는 자동차 전체 시장의 20% 가까운 비중을 차지하고 있습니다. 전기차는 지금보다 향후 시장 점유율이 더 오를 것으로 기대되죠. 저는 전기차의 태동을 눈치채지 못한 것을 후회했던 과거를 거울삼아 메타버스에 대한 공부를 했습니다. 그 결과로 지금의 메타버스를 이해할 수 있었고, 산업 분야도 정밀하게 분석할 수 있었죠. 제가 공부한 메타버스 관련 기업들의 태동부터 확장까지의 지식을 지면을 통해 아낌없이 나눠드리겠습니다.

메타버스 산업 분야	
구분	내용
하드웨어	AR/VR기기 및 관련 기술부품 제조 기업
통신/인프라	메타버스에 필요한 컴퓨팅, 5G, 클라우드 관련된 기업
플랫폼	가상세계의 다양한 경험 플랫폼 기업
게임/엔터테인먼트	가상현실로 구현된 엔터테인먼트, 게임, 미디어 관련된 기업
결제/보안	디지털 결제 프로세스 및 운영 지원 기업

메타버스의 산업 융합과 확장성은 무한하지만, 지금까지 수면 위로 올라오고 있는 산업 분야는 크게 5가지로 구분할 수 있습니다. ① 하드웨어 분야는 AR·VR기기를 기반으로 관련된 기술 부품과 완제품 기업, ② 통신·인프라 분야는 5G와 클라우드를 기반으로 가상현실을 이질감 없이 구현할 수 있게 도와주는 기업, ③ 플랫폼 분야는 메타버스라 불리는 가상세계를 체험할 수 있는 모든 플랫폼 기업, ④ 게임·엔터테인먼트 분야는 강한 팬덤이 형성되는 분야이며 구독경제로 발전 가능한 기업에 해당합니다. ⑤ 결제·보안 분야는 아직 생소할 수 있지만 우리나라는 IT 강국답게 가상화폐가 등장하기 전부터 싸이월드 도토리로 음악을 구매했던 민족입니다. 가상현실에서의 생활이 활발해질수록 디지털 결제는 선택이 아닌 필수가 되며, 보안 또한 중요한 역할을 할 것입니다.

이제부터 메타버스 산업 분야 5가지를 보다 자세히 살펴보겠습니다.

① 하드웨어(지구와의 연결고리: 만지고 보면 알게 되는 것들)

우리가 사는 세상과 인터넷 세상을 연결해주는 다양한 제조 기반의 기기 산업들이 성장했습니다. 그리고 그중에서 단연 돋보이는 것은 아이폰과 갤럭시 같은 스마트폰 하드웨어였습니다. 세계 시총 1위 기업인 애플의 매출에서 절반 이상을 차지하는 것이 아이폰인 것을 보면 알 수 있습니다.

스마트폰이 나오기 전까지, 우리가 다양한 정보를 찾고 대부분의 시간을 소비했던 것이 컴퓨터였습니다. 그 시대를 대변하듯 PC방이 성행하던 때가 있었습니다. 이제는 휴대가 가능하고 어디서든 사용이 가능한 스마트폰이 그 자리를 대신하고 있습니다. 자연스럽게 PC방은 줄고 휴대폰 대리점과 액세서리 매장이 늘어났습니다. 이렇듯 세상은 우리도 모르게 변화를 꾀합니다. 그리고 그 중심에는 언제나 새로운 하드웨어 기반의 게임 체인저가 등장했습니다.

스마트폰이 장악하고 있는 지금의 시대에 다양한 기술들이 발전하면서 새로운 변화의 싹이 트기 시작했습니다. 우리는 그것을 메타버스라고 칭했습니다. 변화의 사례를 보면 인터넷 쇼핑이 많아진 요즘 소비자는 제품을 구매하기 위해서 가격정보를 스마트폰으로 찾습니다. 쇼핑몰에서 사용 후기를 열심히 읽어보고 제품을 선택합니다.

그런데 최근에는 가상공간에서 자신이 직접 체험해보고 제품을 구매하는 방법으로 변화하고 있습니다. 단순히 정보를 2D로 보는 기존 방식에서 시도할 수 없었던 '경험'이란 카테고리가 추가되는 순간입니다. 소비자가 체험한 정보와 구매 패턴 등을 활용해 만족도, 성향 등을 파악할 수 있습니다. 아울러 확장된 분야에서는 소비자가 직접 창작하고 판매하는 순환구조가 만들어지기도 합니다. 이런 체험은 정교하고 현실과 이질감을 줄이기 위해 메타버스의 대표 하드웨어라고 할 수 있는 AR·VR기기가 출시되고 있습니다.

메타버스 하드웨어는 가상현실을 이어주는 지구와의 연결고리가 될 것입니다. 메가트렌드의 흐름을 읽은 일부 기업들은 AR·VR기기를 내놓기 시작했습니다. 지금까지의 1등은 메타의 오큘러스라고 볼 수 있습니다. 현재는 메타버스 하드웨어를 사용하는 사람보다 그렇지 않은 사람이 훨씬 많죠. 그러므로 독보적인 점유율을 논하기는 아직 이른 단계지만 동일한 시작점에서 먼저 출발한 기업이라면 눈여겨봐야 합니다.

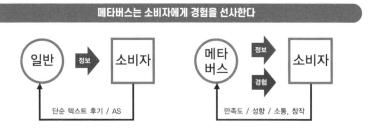

② 통신·인프라(5G로 통하는 세상: 가상세계에 고속도로를 깔다)

현실세계와 동등한 수준의 메타버스를 만들려면 우리 눈을 만족시킬 수 있는 고화질과 입체감이 충족되어야 합니다. 이를 수행하기 위해선 수많은 데이터를 끊기지 않고 주고받을 수 있는 통로가 필요했고, 최근 통신 속도의 발전으로 메타버스의 문이 열리기 시작했습니다.

1세대(1G)는 88올림픽 때 시작됐으며, 일명 '벽돌폰'이라 불리던 휴대형 전화기는 사람의 목소리만 전달하는 존재였습니다. 2세대(2G)는 1996년에 아날로그에서 디지털로 방식이 바뀌면서 세대교체가 일어났습니다. 문자 전송이 가능해졌고, 사진 전송과 인터넷 메일까지 보낼 수 있게 됐습니다. 3세대(3G)는 그 유명한 아이폰3G가 주축이 된 세대입니다. 2G보다 100배 빠른 속도로 기존의 문자와 사진을 빠르게 전송하는 것뿐 아니라 영상통화와 동영상 전송까지 가능해졌습니다. 4세대(4G)는 속도가 제대로 받쳐주지 못해 잠시 LTE라고 불렸습니다. 후에 주파수를 묶어 더 넓은 대역폭을 만들고, LTE—A로 업그레이드되면서 진정한 4G로 거듭났습니다. 이때부터 고화질의 영상을 끊기지 않고 볼 수 있었고, 스트리밍을 통해 데이터 저장공간의 한계를 뛰어넘게 됐습니다.

5세대(5G)는 2019년 초 한국에서 최초로 도입했습니다. LTE보다 최대 20배 빠른 속도를 목표로 구현됐습니다. 현실감 있는 예를 들면 2기가나 되는 영화 한 편을 1초 만에 다운로드받을 수 있는 속도입니다. 그러나 아직 5G 이용자가 많지 않으며 해결해야 할 문제점들이 남아있는 상태입니다.

하지만 곧 우리 생활이 될 5G가 될 것으로 기대됩니다. 그동안 2D를 구현해준 통신 속도를 넘어 3D로 업그레이드할 수 있는 속도이기 때문에 5G는 메타버스에 중요한 역할을 할 수밖에 없죠. 3D를 구현한다는 것은 AR과 VR뿐 아니라 혼합현실인 XR까지 가능해진다는 것입니다. 이는 우리 현실에 홀로그램이 나오는 단계를 말합니다.

이렇게 메타버스로 넘어가는 문을 5G가 활짝 열었으며, 이 문을 통해 상호 통신이 활발해지기 위해 6G가 도입될 것입니다. 6G는 5G보다 이동속도 50배, 반응속도 10배 빠르며 기기연결도 10배 이상이 가능할 것으로 예측하고 있습니다. 6G를 장착한 메타버스는 실제 공간을 정교하게 반영해 가상공간에 반영하고 자연스러운 상호작용을 이루기 위해 대량의 데이터를 송수신합니다. 또한 실물과 흡사한 모습의 고화질 캐릭터와 환경 구성으로 현실세계와 가상세계의 구분을 조금씩 지워갈 것입니다. 이를 위해서는 나노 단위의 초연결이 필요합니다. 이런 6G를 향후 누가 가져갈지 정말 기대됩니다.

③ 플랫폼(가상세계를 연결해줄 메타버스 플랫폼: 거기서 만나)

'플랫폼'이라는 단어와 함께 기차역을 떠올렸다면 자신을 '아재'라고 생각해야 할 듯합니다. 하지만 요즘의 플랫폼을 설명하기엔 기차역만한 예도 없습니다. 사람들이 승하차를 위해 승강장에 모이듯, 어떤 목적을 위해 모이는 공간을 플랫폼이라 할 수 있으니까요.

이런 플랫폼은 사람들이 얼마나 관심을 갖고 행동하는지에 따라 그 규모와 미래가치까지 평가받게 됩니다. 현재 수많은 플랫폼이 있듯 메타버스로 연결된 풀랫폼도 많이 나오고 있습니다. 메타버스 플랫폼 관련해 대표 분야 3가지를 뽑자면 커뮤니케이션, 서비스, 개발입니다. 그중 가장 활발하게 움직이고 있는 분야는 단연 서비스 분야로 게임이 있고, 우리가 잘 아는 로블록스●가 이에 속합니다.

> **로블록스(Roblox)**
>
> 로블록스는 사용자가 게임을 프로그래밍하고, 다른 사용자가 만든 게임을 즐길 수 있는 온라인 게임 플랫폼 및 게임 제작 시스템이다. 미국에서 16세 미만의 청소년 중 55% 이상이 여기에 가입했다. 현재 메타버스의 선두주자로 손꼽히고 있다.

플랫폼은 비즈니스 분야에서도 활동 범위를 넓히고 있습니다. 커뮤니케이션은 우리가 매일 사용하고 있는 카카오톡, 인스타그램, 페이스북 같은 SNS 형태의 플랫폼부터 시작해서 사람들이 소통의 창구로 활용되고 있는 모든 플랫폼을 말합니다. 기존의 커뮤니케이션 플랫폼에서 메타버스로 변화를 꿈꾸고 있는 기업은 메타, 구글, 마이크로소프트, 애플, 네이버 등이 있습니다.

얼마 전까지만 해도 텍스트 형태의 소통을 하던 우리가 스마트폰으로 사진을 보내고, 영상통화를 하고 짧은 동영상을 공유하죠. 이렇듯 기술 발전으로 인해 편리한 혜택을 누리고 있습니다. 이제는 더 나아가 가상의 공간에서 서로 만나 이야기하며 취미를 공유하는 형태로 진화하고 있습니다. 게다가 그곳에서의 커뮤니케이션은 현실 세계의 내가 아닌 또 다른 캐릭터를 부여하는 형태입니다. 마치 자신이 또 하나의 지구에 살고 있는 것 같은 느낌을 주는 다른 차원의 기술입니다.

가상세계에서는 나이, 성별, 피부색 등을 자신의 선택으로 자유롭게 설정합니다. 누구나 차별 없이 동등한 대우를 받는 새로운 문화가 형성됩니다. 요즘 사회에서 자주 언급되고 있는 '공정'과 '공평'이란 키워드에도 부합되죠. 일반적으로 문화란 그 나라의 특징을 나타내거나 역사를 대변해주는 역할을 해왔습니다. 그런 문화가 글로벌한 플랫폼에서 다양한 사람들이 모여 만들어진다면, 이 또한 강력한 집단이 형성될 것입니다. 서로의 소속감이 견고해질수록 플랫폼은 국가보다 더 큰 수익을 낼 수 있습니다. 사람들이 오랫동안 머무는 곳에 돈이 있었습니다. 이를 간파한 공룡기업들은 메타버스 플랫폼 개발에 온 힘을 싣고 있습니다.

④ 게임·엔터테인먼트

게임은 우리가 스마트폰을 거부감 없이 빠르게 적응하게 했고, 세상에 새로운 문화를 만들기도 했습니다. 게임 속 세상은 이미 메타버스를 구현한 상태입니다. 게임은 앞으로 많은 사람들이 관심을 가질 요소가 충분한 분야입니다. 현재 게임시장의 포인트는 미국, 중국, 일본을 중심으로 모바일 게임의 전망이 좋은 상태입니다.

한동안 지금의 흐름은 계속될 것이지만, 콘솔과 PC게임보다 모바일의 비중이 늘었습니다. 이런 이유에는 코로나19 팬데믹으로 인한 여유시간과 신규 참여자의 증가도 있겠지만, 모바일의 편리한 접근성이 한몫했다고 생각됩니다. 이런 모바일 게임의 확대는 추후 AR 글래스와 VR 헤드셋의 발전으로 보다 편리성을 인정받을 경우 다시 한번 주력 게임의 이동을 맞을 것으로 보입니다.

게임 다음으로 메타버스의 파도를 가장 빠르게 타고 있는 분야는 엔터테인먼트 산업입니다. 2020년 4월 미국 힙합 뮤지션 트래비스 스콧(Travis Scott)이 게임 플랫폼인 '포트나이트'에서 자신의 콘서트를 공연하면서 엔터테인먼트계의 메타버스를 보여주었습니다. 가상의 콘서트는 총 45분 동안 진행됐고, 그 짧은 시간에 2,000만 달러(약 220억 원)를 벌었습니다. 스콧의 2019년 콘서트 투어의 1일 매출이 170만 달러였던 것을 감안하면 10배 넘는 수익인데 메타버스의 힘을 여실히 느끼게 해줬습니다.

트래비스 스콧의 성공담이 전 세계에 알려지면서 엔터테인먼트 산업 분야에 새로운 바람이 불기 시작했습니다. 코로나19로 그동안 풀지 못했던 갈증을 해소할 수 있는 새로운 창구가 생긴 셈입니다. 기존의 글로벌 투어 콘서트는 각국의 대규모 공연장과 비싼 무대장치, 진행요원 등 물리적인 시간과 비용을 필요로 했죠. 가상공간에서의 콘서트는 이를 모두 무시하는 개념으로써 투자비용과 소요시간이 현저히 줄어든 장점으로 더욱 빠르게 확장해가고 있습니다.

국내 엔터테인먼트 회사에서도 다양한 방법으로 메타버스를 시도하고 있습니다. 대표적으로 BTS는 신곡 '다이너마이트' 안무 버전을 포트나이트에서 공개했습니다. 게임 속 아바타 댄스 모션을 삽

입했으며, 블랙핑크는 제페
토*에서 팬 사인회를 열어
4,300만 명을 모으며 화제
가 되기도 했습니다. 글로벌
하게 확장되고 있는 K팝의

인기와 더불어 메타버스 플랫폼은 엔터테인먼트 분야의 새로운 원동력이 되고 있습니다.

⑤ 결제·보안(메타버스 금융 활동)

메타버스 안에서의 결제는 디지털 화폐를 이야기합니다. 이는 약간의 상상력이 필요한 산업입니다. 왜냐하면 명확히 누가 어떻게 시작했다는 것은 없지만 '~하겠다'만 있기 때문입니다. 메타버스는 현실보다 더 큰 가상세계로써 사람들이 그곳에서 보내는 시간이 점점 늘고 있습니다. 다양한 메타버스 플랫폼의 이용자 증가가 이를 증명해주고 있습니다. 메타버스에도 당연히 경제활동이 발생할 수밖에 없습니다. 로블록스는 '로벅스'라는 가상화폐로 아이템을 구매하거나 개발한 프로그램을 이용하는 대가를 받고 있습니다. 제페토에서는 '젬'이란 가상화폐로 아이템을 구매합니다. 각 플랫폼에서 운영하는 가상화폐는 원화나 달러로 자유롭게 교환할 수 있습니다.

지금부터 상상력을 발휘해 "굳이 각국 통화로 교환을 해야 하는가?"라는 질문을 해봅니다. 국경을 뛰어넘는 화폐를 사용하면 통화에 대한 장벽을 뛰어넘을 수 있습니다. 그리고 그 해결책 중에 하나로 암호화폐가 물망에 오르고 있습니다. 다른 하나는 각 플랫폼에서 운영하는 화폐입니다. 이는 각 국가의 화폐처럼 인정하고 플랫폼끼리 환율을 적용해 교환하는 방식을 사용할 수 있습니다.

두 번째 방법은 실제 현실세계의 화폐 교환방법과 동일하게 가상세계에 적용하는 것입니다. 아직 가상화폐의 규모가 작고 각자의 방법으로 매출을 현금화하고 있기 때문에 시기는 조금 늦어질 수도 있습니다. 하지만 경제 규모가 어느 정도 올라온다면 현실세계의 기축통화는 달러이듯이 가상세계의 강력한 통화가 형성될 것입니다.

추가로 보안에 대한 이슈도 부각되고 있습니다. 인터넷이 보급되면서 디지털 전환(Digital Transformation)이 시작됐고, 스마트폰으로 인해 가속도가 붙었습니다. 20년간 글로벌 국가의 경제활동을 비롯한 사회 및 문화 전반에 걸쳐 디지털 전환이 일어났습니다. 코로나19로 인해 재택근무와 원격수업 등이 늘면서 우리는 이미 메타버스와 함께 살고 있습니다.

수십 년 동안 쌓아온 디지털 활동들은 수많은 트래픽을 일으키고 중요한 정보들을 보관하기 시작했습니다. 이로 인해 발생하는 문제들도 많아졌고, 기업들도 보안에 대한 심각성을 파악하기 시작했습니다. 현재 다양한 보안 관련 이슈를 해결하기 위해 사이버 보안기업에게 컨설팅과 서비스 지원을 요청하고 있는 상황입니다. 2021년 1월 마이크로소프트(MS) 이메일·메시지 플랫폼 익스체인지가 해킹 공격을 당했습니다. 이를 알게 된 마이크로소프트는 이용자에게 소프트웨어 갱신을 요청했지만 잘 이뤄지지 않았죠.

결국 미국에서만 3만여 곳이 피해를 입었습니다. 미국 최대 송유관 회사 콜로니얼 파이프라인은 해킹 공격으로 공장 가동이 중단됐습니다. 이로 인해 최고경영자가 해커들에게 440만 달러(약 50억 원)를 내주고 말았습니다. 해당 사건 이후, 미국 정부는 사이버 공격으로부터 핵심 인프라 시설을 보호하기 위해 사이버 보안을 육성하고 정부가 규범을 정하고 주도해야 한다고 선언했습니다.

미국 정부는 사이버 보안 역량을 강화하는 행정명령에 서명했습니다. 그리고 2021년 8월 바이든은 IT 기업들에게 사이버 보안에 대규모 투자를 요청했습니다. 또한 구글은 100억 달러(11.6조 원), 마이크로소프트는 200억 달러(23.3조 원)를 향후 5년 동안 투자하겠다는 계획을 발표했습니다.

우리나라도 사이버 보안에 큰 관심을 갖고 있습니다. 2021년 8월 과학기술정보통신부에서는 랜섬웨어 대응 강화방안을 발표했습니다. 랜섬웨어 피해를 막기 위해 3,000여 개 중소기업에 보안 소프트웨어와 데이터 백업 비용을 지원하기로 했습니다. 메타버스를 통한 가상세계의 경제활동이 활발해지면 지금의 디지털 전환으로 발생하는 해킹 피해보다 더 많은 문제가 발생할 수 있습니다. 그렇기 때문에 사이버 보안기술은 앞으로 더욱 발전할 것이며, 그 수요 또한 증가할 것입니다.

지금까지 메타버스 관련된 산업 5가지를 살펴봤습니다. 메타버스기기는 얼마나 빠르게 확장될까요? 개인용 PC가 보급된 이례 스마트폰의 보급률은 비교도 할 수 없을 정도로 빠르게 확장됐습니다. 이미 개인용 스마트폰뿐 아니라 업무용 스마트폰까지 분리해서 사용하는 사람들까지 늘고 있습니다.

개인용 PC산업과 스마트폰 산업의 확장성을 지켜본 우리는 메타버스를 1~2년 잠깐 반짝할 단순한 미래 먹거리 테마로 보기보다는 10~20년 중장기적인 관점의 트렌드로 봐야 합니다. 이를 인지하고 선제적 대응을 하는 기업은 미래의 부를 차지하겠죠. 투자하는 입장에 선 우리도 이런 산업의 전망을 꾸준히 모니터링하는 습관을 갖는다면 부를 늘려줄 중요한 포인트가 될 것입니다.

미래를 준비하는
기업들

메타버스 관련 산업은 2025년이 되면 시장 규모를 2,800억 달러로 예상하고 있습니다. 이는 2021년 퍼블릭 클라우드 컴퓨팅(Public cloud computing) 서비스 시장 규모와 비슷한 규모입니다. 메타버스는 2030년까지 매년 더 큰 성장을 이뤄낼 것으로 판단됩니다. 클라우드 산업이 그랬듯 미래 먹거리가 될 것입니다.

우리는 지금 그 앞선 미래기술을 미리 접하고 이해할 수 있는 좋은 위치에 있습니다. IT 공룡기업들과 다양한 분야의 글로벌 기업들이 메타버스를 다양한 각도로 바라보며 자신에게 맞는 옷을 찾고 있습니다. 우리 또한 내게 어울리는 성장기업을 선별하고 장기적인 관점의 투자가 필요합니다. 지금부터 제가 관심 갖고 있는 기업 5개를 소개해볼 테니 자신에게 어울리는 기업을 찾길 바랍니다.

① 마이크로소프트(MSFT)

마이크로소프트는 우리가 잘 알고 있는 엑셀, 워드, 파워포인트 등 직장에서 사용하는 업무용 툴을 다수 보유한 기업입니다. 대부분 기업을 대상으로 서비스를 제공하고 있으며, 한 번 사용한 서비스는 쉽게 중단하기 어렵기 때문에 튼튼한 매출구조를 가지고 있습니다. 이런 마이크로소프트는 당연 AR 글래스를 만들어도 개인보다 기업 입장에서 업무 효율을 높이기 위한 수단으로 AR 글래스를 연구했습니다. 그리고 그 결과물로 홀로렌즈가 탄생했습니다. 또한 메타버스의 중요한 데이터 저장과 호환의 역할을 하는 클라우드 분야에서도 점유율 2위를 차지했습니다. 이 사업은 3년간 꾸준히 두 자릿수 매출 성장세를 이어가고 있습니다.

2021년 마이크로소프트의 연례 이벤트인 '이그나이트(Ignite)'에서 클라우드 기반 MR 플랫폼인 메시(Mesh)를 선보였습니다. 마이크로소프트의 CEO 사티아 나델라(Satya Nadella)는 '이그나이트 2021'

기조연설에서 "우리는 디지털 트윈, 원격 업무 및 학습 등 모든 회사와 산업을 휩쓸고 있는 두 번째 디지털 혁신의 물결을 목격하고 있습니다"라고 했습니다. 또한 "지난 10년간 우리 삶을 바꿔온 클라우드가 다음 단계의 광범위한 경제 성장을 어떻게 이끌어 나갈지 이야기할 때가 왔습니다. 탈중앙화된 유비쿼터스 컴퓨팅, 독립된 데이터와 생활환경 지능, 창작자와 커뮤니티의 역할 강화, 모든 글로벌 인력에 대해 확정된 경제적 기회, 그리고 신뢰를 기반으로 한 기술이 향후 클라우드 혁신을 이끌 것입니다"라고 강조했습니다.

메타버스를 직접적으로 언급하지는 않았습니다. 하지만 마치 묵음 처리된 메타버스가 들리는 것 같은 연설이었습니다. 메시는 홀로렌즈2, VR 헤드셋, PC, 모바일 등 다양한 기기를 지원합니다. 현실 세계와 결합된 가상공간에서 홀로그램이나 3D 콘텐츠를 활용해 협업이 가능하도록 만들어졌습니다. 실제로 함께 있지 않아도 옆에 있는 것처럼 같이 게임을 하고, 업무를 보는 등 시공간적인 효율성을 높여줄 것으로 기대되며 그 미래를 더욱 궁금하게 만드는 기업입니다.

나의 머니 로드

② 엔비디아(NVDA)

엔비디아는 그래픽카드(GPU) 제조기업으로 우리이게 이미 친숙한 기업입니다. 그래픽카드는 우리가 보는 모든 영상의 화질을 결정하는 중요한 요소죠. 이 부품은 점점 고화질을 요구하는 우리의 눈을 만족시켜주는 역할을 합니다. 엔비디아는 그래픽카드 1위 기업으로 2021년 2분기 외장형 그래픽카드 시장 점유율 83%를 차지하는 지배력 강한 기업입니다. 2위인 AMD와의 격차를 계속 벌리고 있습니다. 엔비디아의 매출 구성을 보면, 게임과 데이터센터, 메타버스, 자율주행으로 구성되어 있으며, 현재는 게임과 데이터센터의 비중이 80% 이상으로 높습니다.

메타버스 관련 매출은 이제 조금씩 오르는 상태지만 주력인 게임 분야가 결국 그래픽 기술을 담고 있는 그래픽카드기 때문에 VR 헤드셋에 적용될 기술을 내포하고 있습니다. 데이터센터 또한 클라우드 관련 산업으로 결국 메타버스와 연관성이 높으며 엔비디아는 안 끼는 곳이 없는 마당발 같은 기업입니다. 추가로 2021년 4월 엔비디아는 '옴니버스 엔터프라이즈'를 출시했습니다. 이는 여러 소프트웨어 제품군에서 작업하는 전 세계 3D 디자인팀이 공유된 가상공간에서 실시간으로 협업할 수 있도록 지원하는 세계 최초의 기술을 갖춘 플랫폼입니다.

실제 BMW그룹에서는 전체 공장의 엔드-투-엔드 디지털 트윈을 설계하기 위해 엔비디아 옴니버스를 사용했습니다. 개발, 품질, 생산 등 각 분야의 전문가들이 협력해 다양한 시뮬레이션을 통해 최적화할 수 있었습니다. 옴니버스 엔터프라이즈는 제조 시뮬레이션뿐 아니라 광고 그래픽, 3D 콘텐츠, 영화, 인터렉티브 등 다양한 분야에서 활용할 수 있는 개발 플랫폼입니다. 엔비디아는 개발자를 위한 옴니버스 생태계를 구축해가고 있습니다. 어도비(Adobe), 오토데스크(Autodesk), 블렌더(Blender) 등 다양한 소프트웨어 기업과 협력하고 있습니다. 엔비디아는 메타버스의 기초가 되는 반도체 기술을 가지고 있기 때문에 효용가치를 높게 평가받고 있습니다.

엔비디아의 그래픽카드와 옴니버스

③ 애플(AAPL)

애플은 스마트폰을 기반으로 다양한 사업 분야로 확장을 이어가고 있는 기업으로 메타버스에도 관심을 보이고 있습니다. 최근 MR(Mixed reality) 헤드셋 관련 상표 출원서를 보면 리얼리티 원, 리얼리티 프로, 리얼리티 프로세서로 특허권을 출원했습니다. 즉 메타버스 하드웨어를 개발 중에 있고, 출시가 멀지 않았다는 것을 예상할 수 있는 신호입니다. 애플의 메타버스기기는 아직 정확히 알려진 것은 없습니다. 하지만 유추해보면 아이폰과 연동을 통해 작동될 것이고, 이는 완전히 분리된 다른 기기와 구분될 것입니다.

애플워치처럼 아이폰을 통해 데이터 연산이 큰 기능은 대부분 지원받는 형태로 등장할 가능성이 큽니다. 애플은 AR 글래스 기업인 아코니아 홀로그래픽스를 인수했습니다. 이 기업은 AR관련특허 200개 이상을 보유한 기업입니다. 애플은 빠르진 않지만 진지하고 분석적으로 메타버스 하드웨어를 연구하고 있습니다. 애플 생태계에 메타버스가 녹아들면 엄청난 파급력이 발생할 것입니다.

④ 메타(META)

메타는 소셜네트워크 플랫폼 기업으로 활성 사용자 수가 20억 명이 넘는 유명한 기업입니다. 메타버스 시대를 장악하기 위해 하드웨어를 만들기 시작했고, 대표적인 제품은 오큘러스로 VR 헤드셋이 있습니다. 현재 오큘러스 퀘스트2로 VR 헤드셋의 1인자 자리를 잡았습니다. 이는 출시하자마자 한 분기에 100만 대가 팔리면서 인기를 끌었습니다.

시장조사업체 카운터포인트리서치에 따르면 오큘러스 퀘스트 2의 판매량은 2021년 1분기 판매량이 급증하면서 누적 460만 대를 기록했습니다. 이로써 2020년 4분기 42%의 점유율에서 75%까지 끌어올리는 데 한몫하며 독주체제를 굳혔습니다. 메타는 오큘러스의 정기적인 소프트웨어 업데이트로 지속적인 성능개선에 힘썼고, 합리적인 가격으로 소비자의 만족도를 극대화하는 데 성공했습니다. 그 결과 지금의 독보적인 점유율을 가져올 수 있었고 앞으로도 당분간은 이 추세가 이어질 것으로 보입니다.

메타는 게임뿐 아니라 교육, 훈련, 미디어 등 다양하게 활용될 수 있도록 플랫폼에도 힘을 쏟고 있습니다. 가상현실 기반의 커뮤니케이션 호라이즌(Horizon)은 우리가 프로필을 만들듯 아바타를 만듭니다. 가상세계를 탐험하고 친구를 사귀고 이야기를 나눌 수 있는 새로운 개념의 커뮤니케이션 서비스입니다. 최대 8명이 모여서 한 공간에서 활동할 수 있으며, 멀리 있는 친구와 게임을 하거나 공동의 취미를 함께할 수 있습니다. 안타까운 것은 호라이즌에서 구현된 아바타의 모습이 아직 어색하고 현실감이 부족하기 때문에 사용자에게 호응을 얻지 못하고 있는 상황입니다. 메타는 아직 풀어야 할 숙제가 많이 남았으며, 현실의 벽이 높은 상태입니다.

호라이즌에서 무엇을 할 것인지는 온전히 사용자의 몫이기 때문에 다양한 확장성을 기대해볼 수 있는 구조입니다. 메타는 코로나19 탓에 재택근무를 하는 직원들을 위해 가상공간에서 업무를 할 수 있게 인피니트 오피스(Infinite office)를 개발했습니다. 오큘러스 퀘스트2를 착용하면 어디서든 가상의 사무공간을 만들 수 있습니다.

인피니트 오피스는 혼합현실을 활용한 것으로 실제 키보드를 사용하면서 모니터는 가상의 공간에 띄웁니다. 여기에서 손 추적을 통해 다양한 개체를 다루는 작업을 할 수 있습니다. 기존 재택근무는

메타의 AR·VR 관련 기기 예상 이미지

전화나 영상을 통한 회의여서 기억과 소통의 부족함을 느꼈다면 가상공간에서의 회의는 시각과 청각을 공유할 수 있습니다. 아바타를 통해 표정까지 공유하므로 생동감 있는 협업이 가능해집니다. 메타는 하드웨어에서 플랫폼까지 '메타버스를 향한 2030 로드맵'을 구축하고 있으며, 인공지능(AI)까지 융합된 미래를 그려가고 있습니다.

⑤ 크라우드스트라이크(CRWD)

크라우드스트라이크는 사이버 보안의 대장 기업으로 인공지능에 의해 작동되며, 클라우드상에서 구현될 수 있는 보안 플랫폼을 가지고 있습니다. 복잡한 데이터 도용과 악성파일로부터 컴퓨터와 서버를 보호해주며 빠르고 쉽게 이용할 수 있는 장점을 가진 회사입니다.

특히 사이버 공격을 잘 방어하는 것으로 유명합니다. 2019년 6월 상장했고, 구독 매출 비중이 전체 비중에서 90%가 넘는 안정적인 매출구조를 갖고 있습니다. 매출성장률이 매년 80%이상 성장하고 있죠. 서비스를 구독 중인 기업은 8,416개며, 지속적인 증가와 다양한 서비스 모듈로의 확대로 이어지고 있습니다. 그만큼 악성 바이러스로부터 보호를 원하는 이용자가 많다는 이야기입니다.

기존의 자체 설비보안 기반의 시스템은 비용이 많이 들고, 각 바이러스에 해당하는 여러 백신을 설치해야 하는 번거로움을 가지고 있었습니다. 하지만 크라우드스트라이크는 하나의 채널로 통합관리할 수 있는 클라우드 기반의 인공지능으로 구성됐습니다. 하나의 플랫폼에서 모든 기능을 수행하고 관리할 수 있는 것이죠. 그렇기 때문에 계속 쌓이는 데이터에 대한 걱정이 없으며, 인공지능으로 더욱 정확하고 빠른 서비스를 제공합니다. 크라우드스트라이크가 사랑받는 이유는 복잡해 보이지만, 결국 이용자의 편의를 생각한 보안 솔루션을 제공하고 있다는 게 핵심입니다. 지속적인 매출 증가가 이를 검증해주고 있습니다.

지금까지 메타버스에 진심으로 투자하고 연구하는 대표적인 기업 5개를 살펴봤습니다. 메타버스 미래 산업을 관통하는 투자 핵심 키워드입니다. 아래 표에서는 메타버스에 대해 5가지 산업, 29개 기업으로 정리했습니다. 다양한 산업에 속한 기업도 존재하니 중복되는 기업은 메타버스에 진심인 기업으로 더욱 관심 갖고 보면 좋겠습니다. 제가 보지 못한 숨은 진주를 찾길 바라며, 3장에서 소개한 실전 투자 1~3단계를 적용해 공부하면 넓은 투자 시야를 갖게 될 것입니다.

순번	대분류	소분류	거래소	티커	기업명
1	하드웨어	AR글래스	나스닥	MSFT	마이스로소프트
2			나스닥	META	메타
3			나스닥	AAPL	애플
4			나스닥	VUZI	뷰직스
5			코스피	5930	삼성전자
6			뉴욕	SNAP	스냅
7		VR헤드셋	나스닥	META	메타
8			뉴욕	SONY	소니
9	통신/인프라	5G	코스피	17670	SK텔레콤
10			코스피	30200	KT
11			뉴욕	VZ	버라이즌
12			뉴욕	T	AT&T
13		클라우드	나스닥	AMZN	아마존
14			나스닥	MSFT	마이크로소프트
15			나스닥	GOOGL	구글
16		반도체	뉴욕	TSM	TSMC
17			나스닥	NVDA	엔비디아
18			나스닥	QCOM	퀄컴
19	플랫폼	플랫폼	나스닥	META	메타
20			나스닥	GOOGL	구글
21			나스닥	MSFT	마이크로소프트
22			나스닥	AAPL	애플
23			코스피	35420	네이버
24		쇼핑	파리	KER	케링(구찌)
25			뉴욕	NKE	나이키
26		개발	나스닥	NVDA	엔비디아
27			뉴욕	U	유니티
28			뉴욕	RBLX	로블록스
29	게임/엔터	게임	홍콩	700	텐센트
30			나스닥	MSFT	마이크로소프트
31			뉴욕	RBLX	로블록스
32		엔터테인먼트	코스피	352820	하이브
33			코스닥	122870	와이지엔터테인먼트
34	결제/보안	결제	나스닥	PYPL	페이팔
35			뉴욕	SQ	스퀘어
36		보안	뉴욕	CSCO	시스코시스템
37			나스닥	CRWD	크라우드 스트라이크
38			나스닥	ZS	지스케일러

신기하다는 생각이 들 때
놓치지 말자

처음 집에 컴퓨터가 생겼을 때 마냥 신기하고 재미난 물건이라고 생각했습니다. 텔레비전보다 작은 이 물건이 내 삶을 그리고 우리의 인생을 이렇게까지 바꿔 놓을지 꿈에도 상상하지 못했습니다. 이제 우린 컴퓨터 없이 계산하기도 힘들며, 보고서 작성도 어렵고, 심지어 운전면허 시험조차 컴퓨터로 봅니다. 그리고 스마트폰을 처음 마주한 날에도 신기해하면서 사용설명서를 읽었던 것이 떠오릅니다. 처음엔 스마트폰으로 음악을 듣고 TV를 보고 게임을 하다가 이제는 인터넷까지 자유롭게 사용하게 됐고, 다양한 정보를 빠르게 검색해서 궁금증에 대한 갈증을 해소했습니다.

지금 생각해보면 그때 컴퓨터를 보며 마이크로소프트를 떠올리지 못한 것과 스마트폰을 보며 애플이라는 기업을 그냥 흘려보낸 것에 조금 안타까운 마음이 듭니다. 아마 이 책을 읽고 있는 독자님 또한 저와 같은 마음일 것입니다. 최근 10년간 마이크로소프트와 애플은 1,000%가 넘는 주가 상승을 보여줬으니까요.

여전히 미래가 유망한 IT 공룡기업이기도 합니다. 지금도 애플 주가를 보면 '아! 그때 왜 투자하지 못했을까?'라는 아쉬운 마음이 스멀스멀 올라옵니다. 하지만 부질없는 마음은 고이 접어 쓰레기통에 던져야 합니다. 부질없는 생각은 버려야 합니다. 오늘을 살고 있는 우리는 지금의 또 다른 기회를 찾아야 합니다. 찾은 기회는 지난번처럼 멍하니 신기하다고 바라만 보면 안 되고 현명한 선택을 해야 합니다.

개인용 컴퓨터와 스마트폰의 엄청난 메가트렌드에 투자하지 못했다고 자책할 필요는 없습니다. 왜냐하면 다시 또 큰 흐름의 메가트렌드가 다가오고 있으니까요. 메타버스는 넥스트 인터넷 혹은 스마트폰의 다음 버전이라고 불리기도 합니다. 현재 빠르게 발전하고 있는 데이터처리 능력과 통신속도로 인해 우리도 모르게 성큼 가까이와 있는 미래가 됐습니다. 미래의 심장이 될 메타버스를 중심으로 어떤 산업과 기업들이 주류를 이루게 될지 지금까지 이야기한 내용이 좋은 정보와 중요한 힌트가 됐기를 바랍니다. 미래에 대한 투자, 가슴은 뜨겁고 머리는 차갑게 판단은 냉철하게 내리시길 바랍니다.

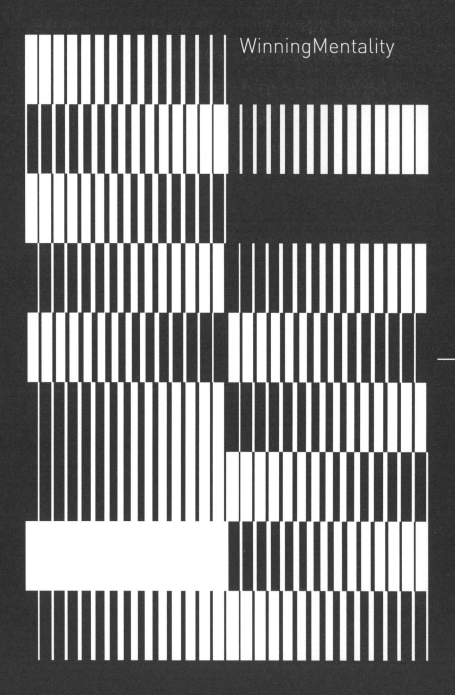
WinningMentality

6

투자 성공을
좌우하는 **심리**

지수 투자자 VS 기업 투자자

우리가 겪는 투자 실수는 대부분 아주 작은 것에서 시작됩니다. 자신도 모르게 마음먹는 심리 때문에 벌어집니다. 투자자 2명을 비교해볼 테니, 지금의 자신은 어느 쪽인지 생각해보면 좋겠습니다.

A는 S&P500지수에, B는 테슬라에 매달 적립식으로 투자를 합니다. 1년 뒤 A의 수익률은 15%가 됐고, B의 수익률은 30%가 됐습니다. B가 2배 더 높은 수익이 발생했습니다. B는 A를 보며 속으로 웃으며 기쁨을 누렸습니다. 그러던 어느 날 경제위기가 찾아와 모든 주식이 하락했고, S&P500은 -30%, 테슬라는 -60%까지 폭락했습니다. 반도체 공급망 이슈, 러시아 전쟁, 인플레이션, 금리인상 등

악재가 겹치며 미래가 불안해졌습니다. 당분간 주식을 하지 말라는 뉴스가 쏟아져 나왔습니다. 불안감을 느낀 B는 남은 돈이라도 건지기 위해 전량 매도했고, A는 계속 매달 적립식으로 매수를 진행했습니다.

다음 이야기는 안 봐도 알 수 있겠죠? 증시가 V자 반등을 하며 S&P500은 다시 회복됐고, 테슬라는 더 높이 상승했습니다. B는 테슬라 주식이 매도한 가격보다 높아지자 매수하지 못하고 계속 기회를 찾다가 결국 놓치고 말았습니다. S&P500에 투자한 지수 투자자와 테슬라에 투자한 기업 투자자의 자산은 어떻게 되었을까요? A는 자산이 2배가 됐고, B는 자산이 1/2로 줄어들었습니다.

지수 투자자와 기업 투자자는 같은 주식시장에 있었고, 같은 상황을 겪었는데 왜 다른 투자심리를 갖게 됐을까요? 지수 투자자는 과거 100년의 데이터를 기반으로 15년 이상 장기 투자하면 S&P500은 절대 손해를 볼 수 없다는 것을 알았습니다. 하락은 언젠가 지나가고, 결국 이런 시기가 기회인 것을 인지하고 있었던 것이죠.

기업 투자자는 테슬라에 대한 공부가 부족했거나, 주변의 이야기를 듣고 마음이 흔들려 자신의 투자심리가 무너진 것입니다.

S&P500지수에 투자한 투자자는 500개 기업이 망해야 내 투자가 망하는 것이기에 상대적으로 심리가 무너지지 않을 수 있었습니다. 개별 기업에 투자했다면 보통의 개인 투자자는 B처럼 행동하게 됩니다.

이런 투자심리를 극복할 수 있도록 수련이 필요합니다. 그렇지 못하면 지수 투자자처럼 대외환경에 덜 불안하고 심리적으로 타격을 받지 않는 구조를 만들어야 합니다. 주변에서 주식 투자로 실패했다는 이야기를 들어보면 대부분 급등하는 종목에 투자하거나 한 종목에 '올인'한 경우가 많습니다. 이 경우에는 심리적으로 불안할 수밖에 없는 상황입니다. 이와 반대의 구조를 만들어야 투자에 성공합니다.

투자심리가 무너져 속상했던 저의 경험을 비롯해 상담을 하며 자주 등장했던 케이스를 토대로 개인 투자자가 빠지기 쉬운 나쁜 투자심리를 소개하겠습니다. 자신은 지금 잘못된 투자를 하고 있지 않은지 주기적으로 보면서 점검해보시길 바랍니다. 앞으로 이야기할 나쁜 투자심리만 피한다면 당신의 투자 성공담은 계속 늘어날 것입니다.

떠난 버스는 종점을
돌아 다시 온다

기업분석을 통해 좋은 회사를 찾았다면 대부분 주가가 높게 형성된 경우가 많습니다. 스스로가 좋게 평가했다면 다른 투자자도 좋게 봤을 가능성이 크죠. 이미 투자하고 있는 사람들도 많으니 주가가 높을 수밖에 없습니다. 여기서 일반적인 투자심리는 '더 오르면 어떡하지, 우선 조금 사보자'라는 생각으로 매수를 합니다. 그리고 주가가 떨어질 때마다 1주, 10주, 100주 계속 매수해서 현금을 하루만에 모두 소진하는 경우가 많습니다. 그런데 다음 날 봤더니 예상치 않은 가격으로 폭락이 옵니다. 자신이 샀던 가격 한참 밑으로 주가가 내려갔습니다. 그런데 이 투자자는 더 이상 매수할 수 있는 자금이 없는 상황이 되었습니다.

이런 투자심리를 갖는 사람은 기본적으로 증권계좌에 현금을 보유하기보다는 계좌를 분리해 관리하는 것이 좋습니다. 매수할 때만 계좌이체를 통해 주식계좌에 돈을 입금하고 매수할 때는 장마감 지정가(Limit on close, LOC)를 이용하길 권장합니다.

LOC로 100달러에 매수 예약을 하면 시장이 종료될 때 100달러 이하로 내려오면 종가 기준으로 체결되는 매수 시스템입니다. 99달러에 종료된다면 1달러 싸게 매수하는 것입니다. 반대로 101달러에 종료됐다면 매수되지 않으며, 다음 날 다시 매수 기회를 얻을 수 있습니다. 일반적인 분할매수는 하루에 10번 나눠서 매수하는 것이 아니라 적립식 매수라도 1주일 동안 3번 이상 나눠서 매수하는 것입니다.

떠난 버스에 미련 갖지 말아야 하듯 떠난 가격을 보고 미련을 갖고 매수하면 안 됩니다. 그 버스는 결국 종점을 지나 다시 오기 되어 있고, 주가 또한 상승과 하락을 반복하며 다시 기회가 오게 마련입니다. 조급한 투자심리를 버리고 천천히 매수해야 합니다. 오늘 버스를 못 타면 내일, 다음 주, 다음 달에 타면 됩니다. 투자는 언제든 버스를 타고 종점까지 이동하면 성공하는 것입니다. 당장 버스가 오지 않으면 주변에 피어있는 꽃과 하늘의 구름을 보며 여유 있는 시간을 가져보시길 바랍니다. 결국 버스는 종점을 돌아 다시 옵니다.

나의 머니 로드

알면 기회
모르면 위기

경제위기는 10년에 한 번꼴로 찾아오는데 신기하게 누구도 매번 오는 위기를 정확히 예측하지 못합니다. 예측이 안 되기에 더욱 위험한 거죠. 한 가지 확실한 것은 언젠간 무조건 온다는 것입니다. 아주 간단한 논리이며 명확한 사실인데 눈앞의 마시멜로(투자수익)를 먹지 않고, 10년이란 세월을 버티는 투자자는 극히 드뭅니다.

우리 모두에게 언젠가 암이 무조건 걸린다고 하면, 매년 건강검진을 받고 조기 발견해 치료하려 할 것입니다. 당연히 암보험까지 가입하겠죠. 하지만 암이란 글씨가 주식으로 바뀌면 다른 선택을 합니다. 욕심과 욕망 앞에서 나쁜 투자심리가 발동하는 것입니다.

동일한 기준으로 바라보면 암보험을 가입하는 것처럼 주식 외에 금과 채권 같은 안전자산을 보유해야 합니다. 그리고 건강검진을 하듯 매년 정기 리밸런싱을 진행해야 합니다. 경제위기는 언제 어느 악재의 타이틀을 달고 찾아올지 모르기에 항상 준비하고 대비해야 합니다. 투자자가 알고 대비하면 기회가 됩니다. 반면에 모르고 당하면 다시 회복하기 힘든 위기에 봉착하게 될 것입니다.

주식계좌를 보고 있다가 갑작스러운 시세 변화에 놀라 주식을 팔거나 샀던 경험이 있을 것입니다. 곰곰이 생각해보면 그런 결정들은 대부분 좋은 결과를 보지 못하고 깊은 한숨과 자신을 책망하며 마무리되는 경우가 많습니다. 가만히 있으면 손해는 보지 않는데 기다림에서 고통을 느낍니다. 그러고는 무언가 해결해야 하는 압박감에 손가락을 움직이는 안타까운 선택을 합니다.

과거 사냥과 채집을 하던 시대에는 가만히 있으면 위험에 노출되기에 생각하는 것보다 몸을 움직여 목숨을 지켜야 했습니다. 현재는 상황이 달라졌음에도 몸은 아직도 과거를 반복합니다. 이를 '행동편향'이라 부릅니다. 투자에서 이런 행동은 좋은 결과를 만들지 못합니다. 모르겠다면 차라리 가만히 있는 것이 생각하고 선택할 시간을 벌 수 있기 때문에 좋은 선택을 하게 될 가능성이 높아집니다.

이미 하락한 주가는 더 떨어지기 힘들고, 급등한 주가는 더 상승하기 어렵듯 이미 발생한 사건을 가지고 급하게 행동하는 것은 좋은 선택이 아닙니다. 충분히 생각하고 움직여도 늦지 않으니 고심 끝에 결론을 내리는 습관을 만들어야 합니다. 굴곡은 있지만 꾸준히 우상향하는 미국 증시처럼, 가만히 있으면 온전히 증시의 수익을 차지할 수 있습니다. 아무것도 하지 않는 것도 좋은 투자 습관입니다. 좋은 기업과 지수에 투자하고 있다면, 인내가 미래의 수익으로 바뀌게 될 것입니다. 가만히 있는 고통은 투자에서 보약이 되기도 합니다.

돌아가기에 너무 멀리 온
투자란 없다

어떤 기업에 투자하기까지 업황, 기업뉴스, 재무제표, CEO 마인드, 내부자거래, R&D투자, 비전 등 정말 다양한 정보를 보고 공부해야 합니다. 기업에 매료되어 투자를 시작하면 동업자가 된 것처럼 애착을 갖고 투자하죠. 1~2년 시간이 지나면 회사에 대한 사랑이 더욱 커집니다. 분기마다 나오는 실적발표 숫자보다 긍정적인 뉴스를 찾고, 자신이 옳았다는 근거를 채워갑니다. 이는 확증편향이 시작된 것이고, 그 누구의 말도 들리지 않는 단계에 이른 셈입니다. 여기에 추가로 매몰비용이라는 이상한 투자심리가 발동합니다. 그동안 자신이 이 기업에 투자하기 위해 정성들인 시간과 노력을 보상받고 싶은 심리입니다. 기업이 실수를 해도 용인하고, 실적이 좋지 못해도 눈감아주면서 격려와 응원만이 마음속에서 넘칩니다.

우리가 투자를 하면서 제일 피해야 하는 것이 이런 실수입니다. 확증편향은 재무제표를 보면서 객관적인 기준을 잡을 수 있습니다. 그러나 자신이 쏟아낸 정성은 어디서도 보상받을 수 없습니다. 이미 지불한 돈처럼 내 시간과 노력이 아까워서 합리적인 선택을 하지 못하는 상황이 발생하면 정상적인 투자를 할 수 없습니다. 기업은 언제나 도태될 수 있고, 투자를 선택하는 기준은 자신이 아닌 기업에서 시작돼야 합니다. 돌아가기에 너무 멀리 온 투자는 없으며 상황이 바뀌었다면 언제든 다른 선택을 할 수 있어야 합니다. 유연한 투자를 해야 성공한 투자자가 될 수 있습니다.

투자를 잘하는 대가들이 입을 모아 하는 말은 '시장을 예측할 수 없다'입니다. 그럼에도 불구하고 다양한 기관에서 시장에 대한 예측을 내놓고 있습니다. 그 예측은 신기하게 더 하락하거나 더 상승하는 경향을 보입니다. 여기서 우리는 2가지 포인트를 생각해야 합니다. 시장은 예측할 수 없지만 예측한 것보다 더 크게 움직인다는 것입니다.

주식시장은 언제나 미래를 반영하며 움직입니다. 예를 들어 금리인상 0.25%를 예상했는데 0.5%로 이뤄지면 시장에는 큰 충격이 오고, 반대로 동결하면 주식시장이 상승하죠. 언제나 주식시장에는 충격을 흡수할 수 있게 예측치가 나옵니다. 그리고 그 숫자에 맞춰 선반영되고 결과에 따라 투자심리가 달라지면서 변동이 발생합니다. 선반영 이후 결과에 따라 더 떨어지거나 더 오르는 것이 주식시장이죠. 과매도와 과매수 구간이 발생하는 것입니다.

적정 주가에 주식이 거래되면 그 누구도 수익을 낼 수 없습니다. 하지만 투자는 욕심이 불러온 작은 씨앗을 크게 만드는 마법을 부리죠. 그 씨앗이 자라 주가를 움직이게 만들고, 그 속에서 누군가는 이익을 챙기고, 누군가는 손해를 봅니다. 투자에서 공포와 탐욕만큼 주가를 움직이게 만드는 요소는 또 없을 것입니다. 공포에 의한 과매도와 탐욕에 따른 과매수는 스마트한 투자자에게는 기회를 제공합니다. 그동안 기회를 쟁취하는 쪽에 서지 못하셨나요? 지금부터 투자심리를 파악해 그동안 했던 행동을 반대로 해보시길 바랍니다. 좋은 경험이 될 것입니다.

지금까지 제가 경험하고 상담하면서 느꼈던 대표적인 나쁜 투자심리를 소개했습니다. 투자에 대한 체력이 떨어지고 방심하면 감정적인 선택을 합니다. 하지만 후회하는 것이 인간이기에 자책할 필요는 없습니다. 사람의 마음은 단번에 바뀌는 것이 아니기에 위 내용을 숙지하고 행동하려는 노력이 필요합니다. 그래야 투자력이 높아지고 건강한 투자를 유지할 힘이 생기게 됩니다. 물 한 방울이 꾸준히 떨어지면 큰 바위를 깨버립니다. 꾸준함은 강한 무기가 되어 당신을 건강한 투자자로 만들어줄 것입니다.

언제나 위기를 기회로 바꿀 수 있는 투자력

• • •

첫 월급과 함께 주식 투자를 시작했습니다. 초심자의 행운이 저에게도 찾아왔고, 지인의 이야기를 듣고 투자한 것들이 자산을 늘려주었습니다. 월급보다 더 큰 돈을 벌면서 돈에 대한 생각이 바뀌기 시작했습니다.

자신이 노력한 시간과 돈은 비례하지 않는다는 생각이 들었습니다. 노동으로 벌어들이는 소득에는 한계가 있다는 사실을 알았습니다. 근로소득과 자본소득의 차이를 깨닫고, 사고의 전환이 벌어지는 동안 초심자의 행운은 끝나버렸습니다. 그렇게 쉽게 번 돈은 쉽게 사라졌습니다. 벌어놓은 돈은커녕 원금마저 날린 뼈아픈 경험을 했습니다.

누구한테도 원망할 수 없었습니다. 오로지 저 자신을 원망하고 자책해야 했습니다. 평소 긍정적이고 밝은 성격을 갖고 있던 제가 그 일로 인해 가면을 쓰고 밝은 척, 괜찮은 척, 행복한 척 수없이 많은 '척'을 하며 현실을 부정하고 피하며 살았던 것 같습니다. 그렇게 못난 내 자신은 마주하기 싫어 현실을 부정했지만 아무것도 나아지는 것은 없었습니다.

이런 삶에 스스로가 지쳐갈 즈음, 이대로는 더 이상 버틸 수 없겠다는 생각에 이르렀습니다. 무엇이든 해야 했기에 외면하던 투자 기록을 보며 어디서 무엇을 실수했는지 분석했습니다. 투자를 했던 그 당시에는 몰랐습니다. 그런데 다시 보니 놀랍게도 저는 주식 투자를 하면서 하지 말아야 할 행동은 모조리 하고 있었던 것입니다. 제가 했던 실수를 부끄럽지만 몇 가지 이야기하겠습니다.

첫 번째는 확증편향으로 그 당시 바이오 기업에 투자하면서 해외 논문과 글로벌 제약회사의 각종 임상실험 데이터를 확인했습니다. 누구보다 이 기업을 잘 알고 있다고 자부했고, 다른 사람 말에 귀를 기울이지 못했습니다. 당연히 결과는 좋지 못했고, 큰 손실을 입었죠.

두 번째는 닻 내림 효과로 자기가 매수한 가격을 판단의 기준으로 삼았습니다. 어떤 기업을 평가한다면 재무제표를 기준으로 객관적인 결과값이 도출돼야 하는데, 제 평단가에 매몰되어 주관적인 선택을 내리는 경우가 많았습니다. 같은 직종의 다른 기업을 비교하는 것까지는 좋지만, 자신의 평단가를 넣어서 계산하면 안 되는데, 몇 퍼센트 수익과 손해인지가 제게는 가장 중요했습니다. 가격에 닻을 내리고 계좌를 보니, 당연히 손실이 발생되면 무서워서 팔고, 수익이 조금이라도 생기면 얼마 수익도 못 낸 채 매도했습니다. 손실은 크게, 수익은 작게, 정말 바보 같은 행동이었죠. 당시의 제 투자 그릇은 딱 간장 종지 같았습니다.

세 번째는 손실회피 편향으로 자신이 얻는 이익보다 잃는 손실을 더 크게 느꼈습니다. 1,000만 원을 벌었을 때 기쁨보다 100만 원을 잃었을 때 고통이 더욱 크게 느껴졌습니다. 손실회피 편향은 내 계좌를 보면서 느끼는 감정으로 투자에서 실수를 범하게 합니다. 계좌에 마이너스인 종목이 있는데 미래가 밝지 않거나 혹은 내 판단이 틀렸다면 매도해서 손실을 확정해야 합니다. 그런데 저는 이를 못하고, 보유한 채 피하는 경우가 많았습니다. 그 손실이 주는 심리적 고통을 피하기 위해 미래가 유망한 기업임에도 손절을 빠르게 하는 것도 있었죠. 무엇 하나 스스로에게 도움되는 행동이 아닌데 멘탈이

약하고 기업에 대한 공부가 부족했던 것입니다.

처음 투자를 시작할 때는 투자 용어도 몰랐습니다. 공부를 시작하면서 투자심리에 관한 책에 있는 실수와 성공에 대한 사례를 보았죠. 그리고 그제야 제가 했던 실수를 깨달았고 이제 어떻게 투자할 것인지에 대한 계획을 세울 수 있었습니다. 그렇게 공부한 12년 동안의 노력이 있기 전에는 저 역시 평범한 투자자에 불과했던 것입니다.

경제 공부는 마치 마법과 같이 사람의 생각과 행동을 바꾸어놓았고, 결국엔 제 삶을 변화시켰습니다. 세상을 부자로 사는 사람이 누리는 그런 돈으로부터의 자유가 가능하다는 것을 느꼈습니다.

과거 우리 경제가 10년을 주기로 위기를 맞이했습니다. 금리 인상이 거듭되는 지금의 경제위기는 과거보다 훨씬 더 위협적일 거라는 예측이 나오고 있습니다. 하지만 부자들은 늘 이런 위기를 두려워하지 않았습니다. 평상시에 경제 공부를 하고, 위기에 대한 대비가 되어있었기에 그들에게는 위기가 늘 기회가 되었던 것입니다. 아직도 늦지 않았습니다. 제 12년간의 경제 공부가 제 삶을 바꾼 것처럼 이 책을 읽은 독자님은 저보다는 훨씬 더 빠른 시간 안에 좋은 투자자로서의 면모를 갖출 수 있을 것이라 믿습니다.

나의 머니 로드

초판 1쇄 인쇄 2022년 11월 18일
초판 2쇄 발행 2022년 12월 6일

지은이 | 송민섭(수페TV)
펴낸이 | 권기대
펴낸곳 | ㈜베가북스

주소 | (07261) 서울특별시 영등포구 양산로17길 12, 후민타워 6~7층
대표전화 | 02)322-7241 팩스 | 02)322-7242
출판등록 | 2021년 6월 18일 제2021-000108호
홈페이지 | www.vegabooks.co.kr **이메일** | info@vegabooks.co.kr
ISBN 979-11-92488-15-8 (03320)